Vértebras

VÉRTEBRAS

Pilar Roig Ferreruela

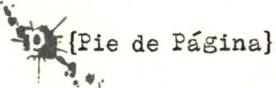

MARESÍA

{Pie de Página}

{Pie de Página}

Título original: *Vértebras*
Primera edición, 2025

© Pilar Roig Ferreruela
© Diseño de cubierta: José Miguel Rodríguez Montoya
© Diseño y maquetación de interior: Marta Vega

Depósito legal: M-1490-2025
ISBN: 978-84-128718-5-2

Impreso de forma cariñosa en España.

A mi madre, por enseñarme a echar raíces.
Y a Gab y Ester: gracias por guardarme siempre un
hueco entre vuestros puntos cardinales

Índice

Jaca negra, luna grande,
y aceitunas en mi alforja.
Aunque sepa los caminos
yo nunca llegaré a Córdoba

FEDERICO GARCÍA LORCA

Definición de *vértebra* (RAE)

Del lat. *vertĕbra*. 1. f. Cada uno de los huesos cortos, articulados entre sí, que forman la columna vertebral.

Prólogo
JUAN ROMEU

El mundo funcionaría mucho mejor si la poesía fuera la columna vertebral del pensamiento de todos. Es de celebrar ver que, al menos, lo es para una persona como Pilar Roig Ferreruela, que en este poemario radiografía la suya para ayudar a los lectores a construirse una o a reconstruir la que tienen.

En Maresía, tuvimos la suerte de que Pilar se animara a enviarnos poemas casi nada más nacer la colección, en esa convocatoria para la primera antología de poesía bonita y que se entiende en la que también participaron otras magníficas poetas que, como si de un grupo que se intuía en la distancia se tratara, quisieron unirse en Maresía. Además de a Pilar, me refiero a Lidia Juárez, Paula Aparicio Cejudo, Beatriz Minaya, Valle Mozas y Natalia Peralta, a las que se pueden unir nombres de la segunda antología como Malena Ulcina Cabello, Cris Rivero, Paula Sánchez Santiago o Berta Algaba, y seguramente Camila Mermet, autora del poemario *La belleza es otra cosa* (Maresía, 2024). Todas comparten un exquisito don para extraer (o, con un verbo que suele usar Pilar, eviscerar) con palabras sencillas emociones muy profundas recurriendo a imágenes muy cercanas que irremediablemente tocan el corazón de los lectores. Por eso sus poemas encajan tan bien bajo nuestra etiqueta de poesía bonita y que se entiende. A ellas se pueden unir autores como Mario Díaz, Eduardo Gregori (ambos de la primera antología) o José María Castellano Martínez (de la segunda).

Dentro de esta descripción general, cada autor, lógicamente, tiene sus propias características. En el caso de Pilar, se puede hablar de un estilo más anguloso, aristado, irregular, curiosamente como podría sentirse al tacto una vértebra (y podría haberlo dicho antes de saber que su poemario iba a basarse en estos huesos). Es un estilo rocoso, quebradizo (en el sentido de que habla de fracturas), sísmico, poblado de desniveles, cavidades («Entonces me palpo / y me faltan huesos») y alturas, visceral (en el sentido literal de la palabra), un estilo idóneo para mostrarnos cómo nuestro abrupto interior tiene su reflejo en el desapacible exterior y se fusiona con él, pudiéndose así, por ejemplo, patentar el hueco de una caja torácica, citando el poema «D8», uno de los ya presentes en *Poesía bonita y que se entiende* (Maresía, 2023).

Y es que ya en los poemas incluidos en esa antología, donde también estaban «Ojalá te vieras como yo te veo» («C2») y «Llueve» («C5»), se podía apreciar esta fuerza tan personal de la poesía de Pilar («Soy toda víscera y oscuridad»), lograda a través de escenas potentes, a corazón abierto, sin duda influidas por sus estudios de Medicina. Así, en sus versos, tan pronto se puede resquebrajar una esperanza («mis esperanzas más prohibidas, / las podadas, las podridas, / las que se [me] han resquebrajado hasta la muerte») como los estrógenos pueden saltar al abismo («C6») o la sangre derramada en un músculo roto puede aplastar («D11»).

En sus poemas es como si asistiéramos a una operación quirúrgica practicada a los sentimientos en la que oímos cómo se desgarran los órganos y nos salpica sangre, pero que nos ayuda a entender bien lo que llevan dentro y, sobre todo, a arreglarlos para siempre:

la herida cura, pero la cicatriz eterniza.

Ese crujido sanador característico de la poesía de Pilar tiene, muy acertadamente, su reflejo en la sonoridad. Hay ejemplos claros como estos primeros versos de «D5»:

Atado y doble atado retengo
el latido que quiere
correr tras tu nombre,

o muchos otros, basados en la aliteración, como se observa en «C7»:

> Las chicas buenas
> rechazan el ro<u>stro</u> de los a<u>stro</u>s,
> porque el horóscopo es para sinie<u>stro</u>s po<u>stra</u>dos

Para que la poesía chirríe (en una interpretación positiva de la palabra), no pueden faltar tampoco las exageraciones, como esta de «D1»:

> voy a llenar mi hogar de miles de plantas
> para que, siempre que escojas,
> escojas volver.

También hacen que sus versos resuenen con más potencia —y coherencia— los continuos recursos poéticos y juegos de palabras que presenta: paronomasias («olvido-orbito», «sacarme-secarme»), políptoton («arruga-arrugara-arrugada»), calambures («cuidarte-cuido del arte»), retruécanos («Las chicas buenas / prefieren el punto y coma / a que se las coman y punto»), anáforas («olvido mis grietas / olvido la aguja / olvido las vocales de mi nombre»), epanadiplosis y anadiplosis («Eres bueno porque cuidas. / Cuidas como el Sol cuida / de las plantas»), dobles sentidos y dilogías («se me descosen un par de puntos / aunque siempre los apoye como me enseñó mi abuela»).

Su dominio de la técnica para lograr que retumben las palabras se puede ver igualmente en su capacidad de jugar con la rima cuando es necesario («C7») o con la longitud de los versos para transmitir distintos estados de ánimo, como la propia Pilar nos hace ver en el comentario de «S3»:

> Aparece entonces una estrofa muy corta, «no / puedo / pensar», con versos de tan solo una palabra: me cuesta tanto concentrarme que soy incapaz de hacerlos más elaborados.

Pero ¿para qué tanto ruido? Pues para que se oiga bien que el ser humano está necesitado de cuidado («Estoy enamorada de los cuidados»), que necesita auxilio constante; para que la voz se imponga al ruido de las continuas amenazas de la vida, entre ellas la pérdida, el olvido:

> no dejes que deje de cuidarme,
> que convivir con el olvido merma lo aprendido,

o incluso el trato desfavorable a la mujer y su sufrimiento («C6» y «C7»).

Es un ruido destinado a captar la atención del amor en todas sus formas, lo único que puede hacer frente a todas las amenazas:

> Estoy tranquila.
> Contigo el mar me llena el corazón.

Y, por supuesto, siempre con la poesía de fondo permitiéndonos liberar las emociones que se quedan incrustadas y no nos dejan sobrevivir:

> Que sin mis
> poemas mis versos
> sin mí
> me pierdo.

Pese a su perfecta y medida estructura, *Vértebras* no deja de ser una recopilación de poemas variados de la autora, dedicados a distintas personas: amigas, su hermano o su madre —persona, por cierto, que es clave en el poemario (y sospecho que en su insistencia en que se incluya siempre su segundo apellido, Ferreruela, al mencionarla)—. Esta miscelánea, lejos de ser un inconveniente, nos permite disfrutar de todas las facetas de una autora que está en sus inicios, pero que ya tiene una voz poética muy reconocible. Y el conjunto está perfectamente justificado al ir acomodando el contenido de los versos a las vértebras que se van recorriendo (las que están más cerca del corazón encierran versos más relacionados con el amor, por ejemplo).

Por si fuera poca su capacidad como poeta, Pilar acomete la ardua tarea de comentar sus propios poemas y lo hace con total acierto, desentrañando los secretos de sus versos solo hasta el punto exacto en el que conviene dar paso al lector. Con ello, permite que sus poemas se entiendan, o, mejor, que se comprendan, pero a la vez que conserven ese misterio que se debe preservar para que la lectura sea aún capaz de sorprender.

Así, por ejemplo, los versos que antes citaba de las mil plantas como ejemplo de exageración se entienden muy bien cuando leemos esta parte del comentario:

> A mi madre le encantan las plantas, y es por ello que la primera estrofa habla de cómo, cuando «se vaya», cuando no esté, llenaré la casa de plantas, porque me recordarán a ella.

O podemos apreciar mejor el verso «Mi barbilla refleja los cráteres de la cicerone que me guía» de «C6» —valiente y poderoso poema sobre la menstruación— cuando nos dice que

> metaforiza al acné, fruto del balance hormonal que recuerda a los cráteres que tiene la Luna (que es la cicerone que

me guía porque sus ciclos son de 28 días, como aproximadamente el ciclo menstrual).

Y descubrimos en el comentario de «D2» por qué eligió el cuarto y el quinto espacio intercostal como lugar para «cobijar la preocupación», según dice en el poema.

Gracias a todo esto, además de crear un libro que bien puede usarse para iniciar a la gente en el gusto por la poesía, lo que consigue Pilar es hacer que ese exterior tan desapacible en el que respiramos pase a ser habitable, como si nos dijera lo mismo que le dice a un paciente en estos versos de «C3», cambiando «medicina» por «poesía»:

> Te cojo la mano,
> y pienso que todo lo que he aprendido de medicina
> no sirve de nada
> si no conseguimos curarte.

Para curarse es necesario tener una columna vertebral fuerte, como la que este poemario ayuda a que nos construyamos. Sus 30 vértebras son un paseo reparador por el cuerpo y el alma que hará que uno no se vuelva a ver igual ni por dentro ni por fuera. Como buena médica y poeta, Pilar extrae vida de lo dañado,

> como si en la arruga se escondiera la fortaleza.

Vértebras cervicales

Mis básicos, mis esenciales.

Las siete vértebras que conforman el
cuello, sostienen la cabeza y cuya lesión
podría provocar la muerte. Sin ellas,
perdería la vida (en todos los sentidos).

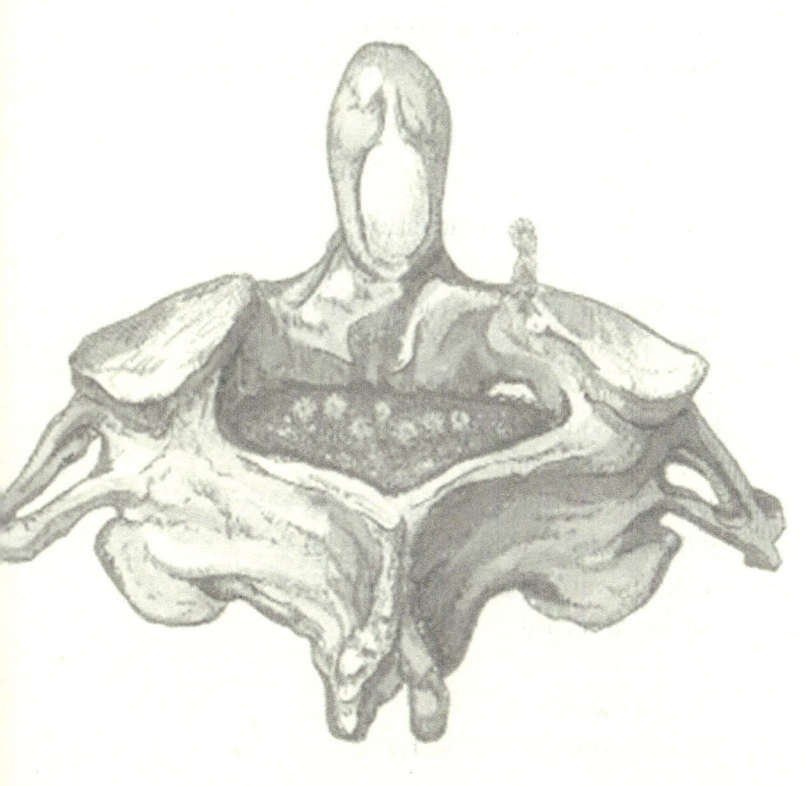

Obra realizada por Ester Gil Navarro

C1, Atlas - Soy Pilar

Me llamo Pilar
pero suelo abreviar mi nombre
porque siento que las dos últimas letras sostienen
par
te
de la fuerza
que dicen que me caracteriza.

Me presento por si no me recuerdas.
Nada pasaría.

Hace días que te busco,
y sé que estás aquí.
Aquí, en mi pecho,
al lado de la estación de los girasoles,
sorteado entre los te quiero
que logro recordar.

Quiero sacarte.
Prometo que quiero sacarte.

PILAR ROIG FERRERUELA

Eviscerarme la entraña hasta olvidar mi nombre
andar tambaleante por caminos de arena
que hace siglos que no logro pisar
y entregarle al mar
cada uno de tus versos
para que se los lleve a las sirenas.

Quizá los escondan en caracolas
y las hijas de las hijas de mis hijas
escuchen los abismos de su bisabuela
el llanto que solo bisbiseo en madrugada
la náusea ahogada
y la fragilidad de mi coraza
cada veintinueve de abril.

Quiero sacarte pero
confieso:
no sé hacerlo sin música.

Trato de superarlo con esta oda,
quizá por eso se me atraganta cada palabra,
quizá porque trato de abrirme en canal
y quizá, solo quizá, me asuste un poco.

Sé que estás agarrotado,
escasea el espacio entre mis defectos:

Ester me dijo que dejan de ser des-perfectos
cuando los cobijas entre las costillas.

Creo que dejaré que me acompañes
en un par de latidos más,
hasta que recorra mis vértebras.

Quizá no pueda/deba/quiera sacarte porque
me proteges.
Aunque me cueste admitirlo.

Comentario de la autora

Hablando desde un punto de vista anatómico, la primera vértebra, C1, también conocida como Atlas, se articula directamente con el cráneo. A partir de ella nace la columna vertebral; será el ejemplo a seguir para el resto de las vértebras, que replicarán su colocación. Es evidente que tan solo podía hablar de mí misma.

A veces cuesta. Me cuesta hablar de mí misma. Resulta más sencillo evocar las emociones que brotan a través de las relaciones que trazo con los demás que dedicarme un poema. Quizá porque implica mirar demasiado dentro.

En la primera estrofa hago referencia a cómo, durante toda mi infancia y adolescencia, abrevié mi nombre a «Pili». Es el apodo con el que me conocen los amigos que conservo de aquella etapa y le tengo mucho cariño.

Me gustaría mencionar que mi abuela se llamaba Pilar; tal vez rehuir del nombre de una mujer tan fuerte y valiente me hacía sentir más ligera. Ahora que ya no está, no me intimida tanto, y me siento muy orgullosa de compartirlo con ella.

Los siguientes versos se focalizan más en el corazón del escrito. Es una confesión que le realizo a un «poema», con la que explico un poco el proceso creativo por el que estoy pasando para que «nazca». Confieso cómo volver al mar me ayudaría a escribirlo («andar tambaleante por caminos de arena»), que el día de mi cumpleaños suele resultar una inspiración dolorosa («la fragilidad de mi coraza cada veintinueve de abril») y que no sé hacerlo sin música.

Aunque la verdadera confesión aparece en la séptima estrofa, en la que menciono que hablar de mi vulnerabilidad me aterroriza.

«Sé que estás agarrotado, escasea el espacio entre mis defectos» es una referencia a como cobijo mis defectos en el pecho, y que siento que hay tantos que casi no le dejan espacio al poema. En realidad, es una metáfora que trata de representar cómo me esfuerzo en darles cobijo para aprender a amarlos (como me dijo Ester, artista que ilustró las vértebras cervicales y las lumbares e íntima amiga mía, «para que dejen de ser des-perfectos»).

En las últimas estrofas, me rindo. Escojo darme tiempo para que el poema tarde en salir lo que necesite, porque en cierta forma «me protege», pues siempre he sentido que con la poesía expreso mis emociones y que, si en un momento no podía escribir un poema, era porque no era el momento.

Un atlas es también una colección de mapas. En esta antología se mapea, a través de mis vértebras, de mis emociones y mis poemas, mi mundo. Y creo que no había mejor forma de daros la bienvenida a él.

C2, Axis - Ojalá te vieras como yo te veo

Ojalá te vieras como yo te veo.

Que no hay lágrima que se te resista,
no hay poema que no logre dedicarte
y no hay estrella que ose apagarse
si la miras con suficiente fuerza.

Ojalá te vieras como yo te veo,
tan eterna, rebosante de bondad,
resiliente ante la eternidad.
En tus ojos arraigan
mis esperanzas más prohibidas,
las podadas, las podridas,
las que se [me] han resquebrajado hasta la muerte.
A tu lado, laten y resurgen, llenas de vida.

Ojalá te vieras como yo te veo,
inmensurable, tan fuerte,
tan dispuesta a cobijarme de la falta de suerte.

Pilar Roig Ferreruela

Yo te miro desde aquí,
más cercana al suelo que tú,
aunque midamos prácticamente lo mismo.
Siempre has tenido los pies en la tierra
para que yo pudiera tornarme alas,
dispuesta a señalarme
la vuelta a casa.

Ahora me toca a mí.

Vuela alto,
que yo siempre seré para ti,
el más cálido de los refugios.

Comentario de la autora

Este es un poema que le escribí a mi madre, y por ese motivo tenía que ser la segunda vértebra cervical, el Axis. Es la persona que me ha ayudado a ser quien soy y que lleva leyendo todo lo que escribo desde que tengo uso de razón.

Lo escribí porque, a medida que fui creciendo, dejé de verla solo como «mi madre» y comenzó a ser «mamá, hermana, mujer, persona». Parece un pensamiento muy sencillo, para nada complejo, pero tardé en darme cuenta de que había cambiado mi forma de pensar en ella. Empecé a plantearme si podría yo ayudarla de alguna forma, enseñarle algo, tratar de devolverle el hecho de que ella siempre había estado para mí.

Y así nació «Ojalá te vieras como yo te veo». Para que siempre que dudara de ella, de su fortaleza, o que pensara que es una persona gris, pudiera volver a él. A la forma en la que yo la veo, que no deja de ser una ínfima parte de la mujer tan maravillosa que es.

PILAR ROIG FERRERUELA

C3 - «Xiqueta»

«Xiqueta»[1]

Es la cuarta vez que me llamas xiqueta en esta
conversación,
y la anáfora,
no buscada y recalcitrante,
apenas me chirría.

Ni siquiera me habría dado cuenta,
yo, que ante la repetición me torno visceral,
si no fuera por la forma en la que se te entelan los ojos,
como si vieras tras de mí un mundo
que soy incapaz de observar.

Te cojo la mano,
y pienso que todo lo que he aprendido de medicina
no sirve de nada
si no conseguimos curarte.

---

1   «Chiquilla» en catalán.

Y sé que debería preguntarte sobre tus alergias,
pero me quedo callada.

Y te escucho.
[Le] escucho.

«He tingut una vida molt dura»[2],
y te creo.
Y pienso que eres el abuelo de alguien
y que ojalá alguien escuchara al mío
cuando estaba rodeado de paredes blancas
y le cogiera la mano como yo hago ahora contigo,
pues nunca pude llegar a preguntárselo.

Y, si no fue así,
pienso que al menos a ti
alguien sí va a cogerte la mano,
que hay una parte de tu historia que no morirá contigo,
porque la recordaré siempre.

Es lo único que puedo ofrecerte.

---

2   «He tenido una vida muy dura» en catalán.

Eso, y mi mano,
que aprietas con delicadeza
en un lenguaje mudo
que nace al mirarnos.

COMENTARIO DE LA AUTORA

Este poema se lo escribí a un paciente al que le cogí especial cariño durante una de mis rotaciones en el hospital como estudiante. Recuerdo salir de su habitación y garabatearlo en la libreta con los ojos entelados, conmocionada por su historia y la confianza que sentía que había depositado en mí al explicármela. Aun así, nunca tuve el valor de leérselo.

Cogió la costumbre de llamarme «xiqueta» (chiquilla), de ahí los versos «la anáfora, no buscada y recalcitrante, apenas me chirría», porque se repetía sin darse cuenta, pero no me molestaba. Solía decirme que le recordaba a su nieta (por eso se le entelaban los ojos con el apodo), y que aprovechara para practicar todas las exploraciones que quisiera con él.

El día que iba a realizarlas, terminó contándome su vida. Detalló pasajes de su infancia, dura y labrada en la posguerra, la atragantada adolescencia que por suerte le condujo a una estable adultez. Se casó, tuvo hijos y nietos que acudían a visitarlo con frecuencia. No sé por cuánto tiempo estuvimos conversando, pero se me hizo tarde sin darme cuenta.

De forma inconsciente, pensé mucho en mi abuelo paterno cuando abandoné la planta (de ahí la séptima estrofa). En cómo murió durante la época pandémica, cuando la situación era tan complicada que no se podía visitar a los enfermos. En si se sintió solo, si comprendió la gravedad de la situación, si le bastó para aceptar la muerte alejado de su familia.

Son preguntas que no tienen respuesta, y por ello siempre me esforzaré en ver la parte humana de la medicina como una parte esencial y necesaria. Y aunque la promesa, en el poema, es para el paciente, en realidad es una promesa para mí. Por eso ocupa el lugar de C3, es esencial en mi forma de ser.

Con la última estrofa, recalco la importancia del contacto humano, ese «lenguaje mudo» que también se perdió durante la pandemia y que poco a poco vamos recuperando.

PILAR ROIG FERRERUELA

C4 - ÁMAME

Ámame

Ámame como el capitán del poema de Espronceda
amaba a su velero.
A pesar de que a mí sí que me tuerzan el rumbo
enemigos, tormentas o bonanzas.

Ámame como la voz poética de Bécquer,
aunque no sea poesía
y mis pupilas no tengan ese color azul.

Ámame en la noche de Lorca,
aunque en nuestra luna no sea roja
y mi alforja esté vacía de aceitunas.

Ámame, aunque no tenga la nariz superlativa de
Quevedo,
y la mía sea tan solo una parte del cuerpo
pegada a una mujer.

Ámame como el amante que hace camino al andar,
permíteme Machado
que tergiverse tus caminos.

Ámame como a la princesa de Darío,
aunque mi boca no sea de fresa
y por ella se escape algún que otro quejido.

Ámame aunque jamás esté callada,
ese estado en el que Neruda
me diría que estoy como ausente.

Ámame, mientras duermo
con las nanas de la cebolla de Hernández
velando mis sueños.

Ámame,
tú tan solo ámame,
como un poeta ama a sus versos.
Aunque yo no sea poeta y tú,
mi amor,
no seas poesía.

Comentario de la autora

«C4» lo escribí hace muchos años, cuando descubría el mundo de la poesía clásica. Conservo de aquella etapa un recuerdo especial y, sin duda, el remanente de aquellos autores es también una de mis vértebras cervicales.

La mayoría de los versos están extraídos de algunos de los poetas más conocidos de la literatura española. «Ámame» es por tanto un homenaje a los poetas clásicos, como son Espronceda, Bécquer, Lorca, Quevedo, Machado, Darío, Neruda y Hernández.

No obstante, echo de menos haber citado alguna voz femenina, como Safo o Rosalía de Castro, que descubrí con posterioridad, cuando empecé a leer poesía por mi cuenta. Por eso, quiero añadir un par de estrofas más, que dejo en este comentario:

> Ámame, para que apenas me mires,
> la voz no venga más a ti, la lengua se te inmovilice,
> un delicado incendio corra bajo tu piel y Safo crea
> que eres igual a los dioses.
>
> Ámame, pues
> sed de amores tenía, y Rosalía de Castro diría que dejaste
> que la apagase en tu boca.

No siempre las hemos tenido presentes, pero está en nuestras manos cambiarlo.

C5 - Llueve

Llueve.

Todavía llueve.

Ayer mamá me dijo que había salido el Sol,
pero yo sé que también llovía.
Si no, te hubiera visto entre los olivos,
sorteándolos con la facilidad de quien,
en lugar de pies,
tiene alas.

Llueve,
y lo noto incluso aquí, en la cama,
tapada hasta las cejas,
esas que son más tuyas que mías
y con el frío agarrotándome
las ganas de quitarme las sábanas.
Yo lo intento,
aunque hace cuatro días que pesan demasiado.

Pilar Roig Ferreruela

Y estoy harta.

Harta de que llueva,
de llover,
de las gotas secándome las ganas de verte
y de pensar sin descanso
todo lo que no vivimos.

Quiero echarte de menos,
pero el vacío
me aterra.

COMENTARIO DE LA AUTORA

Esta vértebra, «C5», la escribí tras la muerte de mi
abuelo materno, y habla de cómo me cuesta seguir echán-
dolo de menos y las ganas que tengo de aprender a con-
vivir con el dolor.

El olivo es un árbol con el que lo relaciono porque sus
últimos años mi abuelo los pasó en un campo de olivos,
observando los árboles crecer y recibiendo familia y ami-
gos. Recuerdo cómo me comentaba datos sobre ellos que
yo era incapaz de percibir. Hoy en día, siempre que los
veo me acuerdo de él.

C6 - SANGRO

Sangro.

Sangro con cada luna nueva
y, aunque el mundo dice que mermo,
que me torno sucia, sensible e irascible,
yo me siento muy viva.

El rayo que me parte la espalda baja
duele más por todas las mujeres
que callaron la agonía.
Se me hincha el pecho de temores
mi barbilla refleja los cráteres
de la cicerone que me guía.

Rapta la saudade todos mis pensamientos.

Quiero un abrazo.
Quiero liberar las alas que retengo en mi muda
y dejarme fluir,
nadar en un acantilado de aguas frías

que se entrevere con el flujo que abriga mis muslos.
quiero deshacerme en lágrimas,
quitarme la venda que enturbia la visión que tengo
                                    [sobre mi cuerpo.
Suplicarle a mis estrógenos que dejen de saltar al abismo
que no llevo paracaídas
y el desplome duele.

Mas el ovario izquierdo me grita fuego
y el derecho no para de implorarme agua
y la batalla de mi útero
me reverbera en cada célula.

Pero no necesito ninguna espada
que venga a librarla por mí.
El tiempo proclamará un vencedor
y el magma abandonará mi cuerpo
por el valle fluvial.

Hasta la siguiente pugna
seguiré midiendo con una regla
la distancia que nos separa de la siguiente luna nueva.
Quizá algún día se acorte un poco
pueda prescindir de eufemismos
y sangrar libre.

Recuerdo que cuando terminé de escribir este poema, me sentí valiente y temerosa a partes iguales. No considero que la regla haya sido un tabú en mi entorno, pero tampoco era un tema agradable para escribir un poema sobre él y recitarlo en un escenario. Y entonces escribí «Sangro». Y al hacerlo, me sentí libre.

En la segunda estrofa, están citados los adjetivos que siempre había escuchado relacionados con la menstruación: la regla me hacía estar sucia, sensible (pero en el mal sentido de la palabra, como si me hiciera más débil) e irascible, me «mermaba» como ser, me quitaba fuerza y validez. Era lo que siempre me habían dicho. Pero yo sentía que eran unos días en los que estaba más conectada conmigo misma, con mis emociones, y, al fin y al cabo, sentía de una forma mucho más intensa. Se reflejaba en mis poemas y en mi entorno. ¡Y no era algo negativo como siempre me habían enseñado!

«El rayo que me parte la espalda baja» hace referencia al dolor lumbar que se suele padecer estos días, y en cómo se agrava al pensar que hubo un tiempo en el que las mujeres, como siempre me explica mi yaya Fina, tenían que ocultarlo. «Se me hincha el pecho de temores» es un verso en el que se refleja el aumento e hinchazón de talla que sufren algunas personas menstruantes junto al aumento de inseguridades (mencionado también en «Rapta la saudade todos mis pensamientos» o en «Quitarme la venda que enturbia la visión que tengo sobre mi cuerpo»). Finalmente, «Mi barbilla refleja los cráteres de la cicerone que me guía» metaforiza al acné, fruto del balance hormonal que recuerda a los cráteres que tiene la Luna (que es la cicerone que me guía porque sus ciclos son de 28 días, como aproximadamente el ciclo menstrual).

La quinta estrofa está plagada de referencias al propio flujo de la regla, a la sangre. «Liberar las alas que retengo en mi muda» es un guiño a las alas de la compresa, que protegen la ropa interior. La súplica a los estrógenos es debida a que es la caída de los niveles de esta hormona la que provoca el inicio de la menstruación, con todo lo que comporta.

En la séptima se reivindica que no es una «batalla con un ganador» y que no requiere de «espadas», es decir, personas que no tienen útero, para solucionarlo. Es tan solo un acontecimiento que tendrá su final con el paso de los días, de forma natural.

La última estrofa cierra con un deseo de sangrar sin tabús.

Tengo la suerte de poder vivir mi regla como unos días de conexión conmigo misma. Es por eso por lo que tenía que ser uno de mis esenciales.

C7 - LAS CHICAS BUENAS RIMAN SUS POEMAS

Las chicas buenas
riman sus poemas
sin que se lo pidan.

Las chicas buenas
se esfuerzan en ajustarse al molde
sin rebosar por el reborde,
sin que el borde las rebose
y las haga sentirse inferiores
aunque midan metro y medio.

Las chicas buenas
rechazan el rostro de los astros,
porque el horóscopo es para siniestros postrados
que cierran sus ojos verde miel
ante las moiras y su tejer
del destino cruel.

PILAR ROIG FERRERUELA

Las chicas buenas
tienen ordenada la habitación,
cosido el corazón,
amueblada la razón,
y dan su opinión con sazón
porque si no saben de lo que hablan
callan,
y todavía están más guapas.

Las chicas buenas
prefieren el punto y coma
a que se las coman y punto,
siempre llevan la ropa a conjunto,
y parpadean con una delicadeza abismal
cuando tienen los ojos plagados de sal.

Las chicas buenas tienen las manos suaves,
estudian carreras de letras y artes,
prefieren besar mejillas a estrechar espaldas,
y no suben a otra chica a una balda
para levantarle la falda
hasta que se corra
el pintalabios de su boca.

Las chicas buenas no fuman tabaco de liar,
no piden birras en un bar

y se alejan de los motoristas rapados
con pinta de romper veinticuatro latidos al año
antes de que les hagan daño.

Las chicas buenas
se memorizan sus escritos,
llevan vestidos bonitos,
las piernas depiladas
y la cintura tapada,
y no mienten.

Las chicas buenas no mienten,
o, si mienten, sonríen y disimulan con gentileza,
como yo, que soy una chica buena con delirio de
grandeza
y os he mentido, a la cara, durante todo este poema.

Comentario de la autora

C7, la última vértebra cervical. Es un poema feminista que explica lo que «las niñas buenas» deberían hacer para culminar con la confesión de que, en realidad, todo lo mencionado son falacias.

La idea de esta vértebra me surgió tras una conversación con mi hermano, en la que me comentó que para él la poesía tenía que rimar porque, si no, perdía parte de su encanto y complejidad. Y que le sorprendía que la mía no lo hiciera. Durante aquellos meses, yo rehuía de la rima

Pilar Roig Ferreruela

de una forma muy consciente: sentía que transformaba el escrito en una canción y que lo alejaba un poco de la emoción que quería transmitir. Como por si la atención del lector se pudiera desviar debido a su sonoridad.

Aun así, la idea se quedó en mi mente, sobre cómo nos cuesta a veces romper el molde y apreciar aquello que se aleja del esquema clásico. Inmediatamente, pensé en el feminismo y en la liberación de la mujer del canon y de ahí nació la primera estrofa: «Las chicas buenas riman sus poemas sin que se lo pidan».

Decidí conservar la anáfora «Las chicas buenas» durante todo el poema con la intención de emular la sensación que vivimos la mayoría de las mujeres con la insistencia a nivel social y familiar sobre qué y qué no deberíamos hacer para ser buenas. Sobre todo, en la infancia (de ahí el término «chica» y no «mujer»).

En la segunda estrofa hay una políptoton que me ayuda a describir la necesidad de encajar en el «molde», ya no solo a nivel físico (que quizá es el que más evoca la figura, con versos como «rebosar por el reborde»), también a nivel de comportamiento («sin sentirse inferiores aunque midan metro y medio»). Esta última es una referencia a mí misma, que siempre sentí que el hecho de tener baja estatura tenía que ser algo negativo. Y con los años he descubierto que tiene muchísimas ventajas.

Continúo las siguientes estrofas con referencias a temas habituales dentro del feminismo: el horóscopo (y cómo hay ocasiones en las que su mención parece que sea una osadía), lo implícito en tener que encargarnos del orden, no poder hablar de desamor y el sobreanálisis de nuestras aportaciones a temas culturales, políticos o científicos. El rechazo del deseo, la necesidad de vestir siempre bien, de no llorar en público. De tener cuidadas las manos, estudiar «grados de chicas», de dar dos besos en lugar de abrazar y de que nos gusten los hombres.

En la séptima estrofa hay una referencia al estereotipo de «los chicos malos» y de las actitudes como fumar o beber alcohol que se siguen viendo, hoy en día, como poco femeninas.

Finalmente, culmina el poema con que las chicas buenas «no mienten», que es lo que he hecho durante todo el poema al referenciar cosas que deberían hacer cuando, en realidad, no es así. Porque me considero una chica buena y hay muchas de las enumeraciones anteriores que no cumplo ni tengo intención de cumplir.

PILAR ROIG FERRERUELA

Vértebras dorsales

Amistad, amor y desamor. Las doce vértebras con las que se articulan las costillas. Mis emociones se cobijan entre ellas, que se encargan de protegerlas y resguardarlas, igual que a las vísceras.

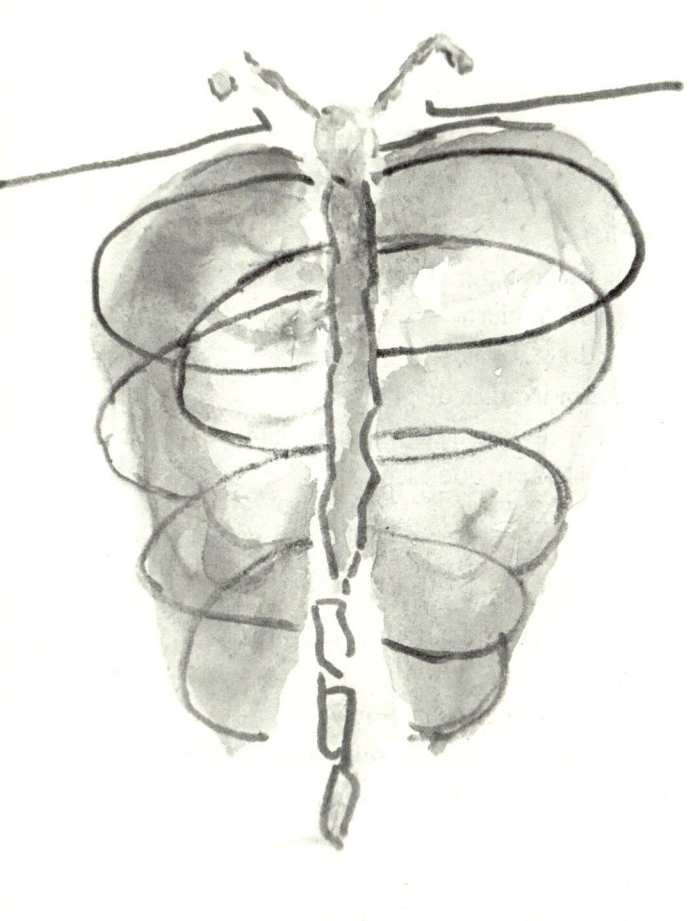

Obra realizada por Isabel Ferreruela Serrano

D1 - Tendré plantas

Te prometo,
a manos vacías y perspectivas
de un futuro incierto
que cuando te vayas
voy a comprar miles de plantas,
voy a llenar mi hogar de miles de plantas
para que, siempre que escojas,
escojas volver.

Yo, abrazada hasta los ojos y
con las lágrimas rodeándome la cintura,
pensaré en ti,
como en cada inicio de primavera,
en cada suspiro acelerado durante el nado
o en cada aguacate mal partido.

Pensaré en ti porque así lo he querido,
para cuando las nubes nos separen
y no pueda volar junto a ti

sentir que me sigues cuidando
aunque no sea capaz de verte.

Lo haré, por ti, por mí y por nosotras.
Porque no querré seguir existiendo sola.
Y por las rosas.

COMENTARIO DE LA AUTORA

«Tendré plantas» es un poema que habla de mi madre.
Es, en sí, una promesa a lo que haré el día que ella no esté.
Es D1 porque es la primera vértebra dorsal, que articula
con la última de las cervicales, C7, que hablaba del fe-
minismo. Que es un tema que pienso que debería unir a
todas las mujeres.

Cuando escribí este poema, no recuerdo estar espe-
cialmente triste, a diferencia de lo que ocurría en «Ojalá
te vieras como yo te veo». Empecé a garabatear sin tomar
verdadera consciencia de sobre qué estaba hablando, y,
a medida que avanzaban los versos, encrudece, pues co-
mienzo a percatarme de lo que implicaría.

A mi madre le encantan las plantas, y es por ello que la
primera estrofa habla de cómo, cuando «se vaya», cuando
no esté, llenaré la casa de plantas, porque me recordarán
a ella (y «escoja volver»).

En la segunda estrofa se mezclan un poco los gestos
del llanto y el abrazo porque son, para mí, los represen-
tantes del duelo: la necesidad de expresar el vacío y de
sentirse querido ante la pérdida. Los últimos tres versos
mencionan hechos que me recuerdan a mi madre: el ini-

cio de la primavera (porque florecen las plantas), nadar (porque tiene un importante significado para ella) y el aguacate (que tanto nos gusta compartir).

Sin embargo, en la tercera estrofa noto que el miedo ahoga un poco más, con versos como «sentir que me sigues cuidando», en el que me aferro con uñas y dientes a la calidez de su atención y empiezo a ser consciente de qué implicaría que se marchara. Vuelvo a emplear el verbo «volar» como metáfora de pasar tiempo juntas porque siento que mi madre me dio las alas.

El poema termina con la confesión de que las plantas las tendré por ella, pero también por mí. Y por el vínculo que creamos, porque no querré «seguir existiendo sola». No sin ti, mamá.

D2 - Eres bueno

Eres bueno.

Eres bueno por cómo te late la preocupación
a ojos cerrados
entre el cuarto y el quinto
espacio intercostal.

Lo veo en tu cuello,
cuando sonríes
[con los párpados]
y extiendes tus brazos hacia mí,
creando un refugio
seguro y robusto
como el de las tres respiraciones profundas
antes de hablar.

Eres bueno porque cuidas.
Cuidas como el Sol cuida
de las plantas,
con la facilidad de quien vuela con alas,

con el placer de quien abraza a un amigo cercano
después de una noticia triste.

Cuidas como si hubieras nacido para ello,
para dar la mano al que necesita
un empujón para avanzar.
Y te echarías a alta
mar si quedara una sirena por salvar.

Cuidas de mí como si llevaras haciéndolo toda la vida,
y espero poder decir algún día
que así ha sido.

COMENTARIO DE LA AUTORA

«Eres bueno» es una vértebra que escribí para un gran
amigo. Es de esos escritos que nacen del tirón, como si
llevaran demasiado tiempo queriendo salir a la luz, y,
cuando por fin abres un poco la brecha, arrasan con todo.
Con ese ímpetu es con el que siento que a mí me quiere
Miguel, y quizá por eso los versos brotaron con tanta fa-
cilidad.

Tras una primera estrofa en la que se inicia la anáfo-
ra de «Eres bueno», que es también el título del poema,
pasamos a un conjunto de versos en el que se habla del
cuidado que tiene siempre con la gente.

El motivo por el que escogí el cuarto y el quinto espa-
cio intercostal para «cobijar la preocupación» es un poco
friki, pero lo explico para las más curiosas: cuando se

colocan los electrodos en el cuerpo (que son como unos cables con pegatinas) para obtener el electrocardiograma, se comienzan a poner en el cuarto espacio intercostal (se cuentan las costillas por encima de la piel). A partir del primer electrodo, se colocan los demás. Es decir, el que se coloca en el cuarto servirá un poco de guía. Es, por tanto, la preocupación de Miguel por los demás la que siento que le «guía» y le hace ser como es.

En la tercera, se menciona la sonrisa que siempre hace que se le arrugue la cara (de ahí el «cuando sonríes [con los párpados]») y a los abrazos con los que suele «crear refugio» para mí, porque me hace sentir segura.

Si avanzamos hacia la quinta estrofa, resurgen elementos que ya hemos ido viendo a lo largo de las vértebras y que para mí simbolizan mucho el amor: el Sol, el vuelo y las alas, los abrazos y en general, los cuidados.

Me gustaría pararme en los versos de «dar la mano al que necesita un empujón para avanzar» porque creo que reflejan muy bien todo el sentimiento que porta el poema. Creo que Miguel optaría siempre por darle la mano a alguien para ayudarle, aunque le llevara más tiempo que empujarlo. Incluso aunque el aprendizaje para aquella persona pudiera parecer menor. Porque es la forma en la que le saldría actuar. Porque es bueno.

Breve mención de que siempre he tenido una especial debilidad por las sirenas, como se ve en «C1», y de ahí un poco que «salvar a la sirena» sea en realidad un «salvarme a mí».

Finalmente, la última estrofa es una petición de que ojalá pueda conservarle siempre, porque me da la sensación de que le conozco desde toda la vida.

D3 - CUID-ARTE

Verte triste me duele tanto que
olvido mis grietas
olvido la aguja
olvido las vocales de mi nombre
y orbito en cuidarte
[como cuido del arte]
sin querer, sin avisarme.

Entonces me palpo
y me faltan huesos
y recuerdo que sigo rota por dentro,
que tus heridas no zurcen las mías,
que no hay noviembre más frío que este noviembre
y que los abrazos de mi madre
siguen siendo los que más me sanan.

Prometo cuidarte, pero, por favor,
no dejes que deje de cuidarme,
que convivir con el olvido merma lo aprendido
y empiezo a ser mayor
para volver a empezar.

PILAR ROIG FERRERUELA

COMENTARIO DE LA AUTORA

«D3» es un poema que habla de cómo a veces nos esforzamos tanto en cuidar de nuestro entorno y preservar su salud mental y física que nos olvidamos de la nuestra.

«Cuid-arte» nació en medio de una vorágine, cuando uno de mis amigos más cercanos estaba mal y yo sentía que me desvivía por intentar que estuviera mejor hasta el punto de que me descuidé. Y entonces llegó esta vértebra, como un grito de auxilio que escribió mi propio cuerpo sin que yo me percatara demasiado. Tan solo me dejé llevar.

La primera estrofa comienza describiendo el dolor que me supone ver mal a alguien a quien aprecio, hasta el punto en el que olvido «mis grietas» (heridas), «la aguja» (cómo curarlas) y «las vocales de mi nombre» (a mí misma). Y comienzo a destinar toda la energía a cuidarle sin ser del todo consciente.

En la segunda estrofa es cuando tomo conciencia de que estoy mal, de que «me faltan huesos» y de que «estoy rota por dentro». Reflexiono sobre cómo velar por los demás no es lo mismo que velar por mí y que, para poder hacerlo bien, necesito estar entera. «Que los abrazos de mi madre siguen siendo los que más me sanan» es una afirmación que refleja la necesidad de volver a los lugares donde nos sentimos seguros para terminar de sanar.

Finalmente, la última estrofa es una súplica a mi círculo para que no permita que me descuide otra vez. Utiliza un poco la reduplicación para darle persistencia al mensaje, como si el hecho de repetir «cuidarte-cuidarme», «deje-deje» o la epanadiplosis «empiezo a ser mayor para volver a empezar» me ayudara a solidificar el mensaje.

D4 - PICO TRES

Me enamoré de ti
como un pájaro de sus alas:
porque me regalaste
la libertad que me pertenecía
pero todavía no había
logrado descubrir.

Trato de pensar en ti
sin sonreír pero
no puedo.
Supongo que eso es el amor:
ser feliz
al recordar que coexistimos.

Conduzco a la carrera por la carretera
y entre la línea discontinúa
sé que te escondes:
¿no puedo dejar de seguirte
o eres tú el que me sigues?

PILAR ROIG FERRERUELA

[Soy yo el que te encuentra]

susurras,
y yo dejo que me
busques que me encuentres
con el alma en las manos
y los poemas desdibujados
en el lagrimal izquierdo.

Estoy tranquila.
Contigo el mar me llena el corazón
y con tu ausencia,
rebosa, pues no puede contener
la inmensidad.

Aun así, no se ahoga.
Nada, se ensala, y sueña.

COMENTARIO DE LA AUTORA

El título de este poema, «Pico tres», proviene de la forma de corazón que hace el signo de la antilambda (<) junto al número tres (3), «<3», ya que este poema habla de una relación romántica.

Por ese mismo motivo, es D4, vértebra también conocida como supracardíaca, pues justo debajo de ella está situado el corazón. Y estos versos siento que se localizan un poco ahí, encima del corazón, en un roce continuo, debido a quien van dedicados.

La primera estrofa narra la sensación de libertad que tengo siempre que estoy con esa persona. En realidad, es una sensación que nace de mí, pues podríamos llegar a considerar incluso contradictorio el hecho de que alguien nos hiciera sentir «libres», pues en sí la libertad nos desvincula un poco de todo. Pero, precisamente, el hecho de poder sentir que somos nuestros propios dueños con alguien lo hace muy especial.

Avanza el poema hablando de ese gesto de enamorada que enseguida te delata, la sonrisa, igual que lo hace el brillo de los ojos. El verso «ser feliz al recordar que coexistimos» contiene una reflexión sobre la que suelo pensar: lo afortunada que me siento de haber nacido a la vez que mi círculo, de haber tenido la oportunidad de encontrarme con ellos. La probabilidad, teniendo en cuenta la población mundial, era muy baja. Y aun así siento que no podía haber tenido más suerte.

«¿No puedo dejar de seguirte o eres tú el que me sigues?» es una pregunta retórica que trata de reflejar esa magia que surge de la correspondencia, de mezclar las intenciones con la otra persona hasta el punto de no saber de quién nació.

«[Soy yo el que te encuentra]» es la frase que me respondió él cuando le mandé las primeras tres estrofas; «Pico tres» era tan solo un borrador. Me gustó tanto que la incluí, y fue entonces que aprecié que le había enviado la vértebra con una corazonada, sin revisar y a medias («poemas desdibujados en el lagrimal izquierdo»), hecho que me hacía sentir bastante vulnerable («con el alma en las manos»).

La quinta estrofa comienza con un «Estoy tranquila» que trata de hacer hincapié en, para mí, uno de los pilares de las relaciones sanas: la calma que sientes con la otra persona.

«Contigo el mar me llena el corazón» es una referencia porque el mar tiene esa inmensidad mágica y atrapante que me recuerda al sentimiento que compartimos. *Y porque ambos amamos el mar.* «Con tu ausencia, rebosa», pues, al no poder dárselo, se derrama: es decir, cuando no le veo, le sigo queriendo.

Finalmente, cierra con «Aun así, no se ahoga», porque no me siento atada. «Nada», porque es como el mar, «se ensala», por lo mismo, y «sueña» porque me da alas.

Quiero mencionar que me gusta mucho la representación del amor como un líquido, como el agua, por su capacidad de adaptarse a cualquier sitio, de mojarte la piel, de estar presente, de poder congelarse y dejarte frío o de hervir y hacerte sentir que eres fuego.

D5 - El poema de Alba

Atado y doble atado retengo
el latido que quiere
correr tras tu nombre.

Lo alcanzo antes de que llegue
a la segunda consonante,
reteniéndole para
que deje de apropiarse de ellas,
de transportarlas
a cada rincón de mi cuerpo,
provocando que cada paso que doy
me recuerde a ti.

Porque todavía no sé si me quieres y sé
que empezar a querer es lo fácil.

Por eso fuerzo el tropiezo,
entorpezco el parpadeo para
enlentecer la velocidad a la que te veo
y dejar de superponer fotogramas:

Pilar Roig Ferreruela

quiero deshacer la película
ahora que estoy a tiempo.

Que todavía no la he visto entera y no sé
si quiero ser la protagonista de este beso.
Que las flores siempre me las ha regalado
mi padre y el amor
se lo he robado a la poesía.

COMENTARIO DE LA AUTORA

Este poema recuerdo que lo escribí porque Alba, una gran amiga que es cantante y saxofonista, me pidió que le enviara algún poema de amor. Estaba a punto de ofrecerle *La Oda a los celos* de Safo cuando me dijo: «No, quiero que sea algo tuyo».

He de decir que llevaba tiempo rehuyendo de la poesía que habla de amor romántico. Quizá porque es más sencillo evocar una emoción triste que un sentimiento no correspondido o que sientes que en algún momento va a doler. Aun así, la vi tan ilusionada que me atreví, y de ahí nació este poema.

De hecho, es ese el motivo del título. «El poema para Alba» no habla sobre Alba, pero no existiría sin ella, porque es la que me animó a desentrañarlo. Y para mí, que me estaba atreviendo a escribir sobre amor de nuevo, era más importante. Porque el amor siempre había estado ahí, pero no siempre había querido escucharlo.

El poema comienza con los versos «Atado y doble atado retengo el latido que quiere correr tras tu nombre», que es una metáfora sobre la necesidad humana que tenemos de protegernos y por la que tratamos de no enamorarnos o de rehuir del sentimiento.

La segunda estrofa explica cómo «lo alcancé a tiempo» (al latido, al sentimiento), antes de que fuera demasiado tarde y hubiera distribuido las consonantes de su nombre «a cada rincón de mi cuerpo». Es decir, como lo retuve antes de que todo mi cuerpo lo pensara. Antes de enamorarme.

La siguiente es una de mis favoritas: «Porque todavía no sé si me quieres y sé que empezar a querer es lo fácil». Resume como, debido a mi forma de ser, me resulta mucho más sencillo, cuando me gusta alguien, ilusionarme e idealizar que esperar a ver si es correspondido.

Debido a esto, «fuerzo el tropiezo», intentando que me dé cuenta de la realidad. Hay una aliteración de [z] (fuerzo, tropiezo, entorpezco) para resaltar esa torpeza. Todo para «deshacer la película» cuando todavía estoy a tiempo.

Finalmente, el poema cierra con la toma de conciencia de las diversas caras que tiene el amor y de cómo a veces tendemos a enfocarlo tan solo hacia la pareja. «Que las flores siempre me las ha regalado mi padre» es una referencia a Sant Jordi (San Jorge), que en mi tierra es el día del amor y es tradición regalar rosas.

El último verso, que dice «... el amor, se lo he robado a la poesía», es una referencia a lo que explicaba un poco al principio. De cómo siempre me ha gustado vivir y disfrutar del amor a través de la poesía, pues era menos punzante que vivirlo por mí misma.

D6 - Los cuidados

Estoy enamorada de los cuidados.
De tus dedos sobre los míos de
tu forma de mirarme cuando ya no me veo.

De la luz que despiertas en mí
cuando todo está oscuro
y solo quiero morir.

Cuando cada respirar
pesa demasiado
y me planteo mi existencia,
que no la tuya,
porque eso en mi religión
sería pecado.

A veces quiero creerte
pero me cuesta
ver lo que ves me cuesta.

Te creería a ojos cerrados pero
                    [no es por ti no es por ti no es por ti]
es por mí
porque me cuesta creer en mí pero
me esfuerzo. Por ti.

Me esfuerzo porque mereces la pena
y entonces quizá
la merezcamos juntas.

Comentario de la autora

«Los cuidados» es un poema que siempre me entriste-
ce un poco porque nunca llegué a confesarle a la persona
que se lo escribí que era para ella. Me pregunto cuántas
personas habrán inspirado alguna obra y nunca llegarán
a saberlo.

El primer verso es muy directo: «Estoy enamorada de
los cuidados». Es la que titula el poema y para mí, como
ya comenté en «D1» («Tendré plantas»), una de las for-
mas más firmes de demostrar y favorecer que alguien se
sienta querido: cuidar.

La paradoja que cierra la estrofa «tu forma de mirar-
me cuando ya no me veo» describe cómo a veces, cuando
«no nos vemos» (quizá porque estamos perdidas, tristes),
tan solo necesitamos que alguien nos mire, se fije en no-
sotras, en lugar de simplemente «vernos». Me parece im-
portante el matiz de atención que implica «mirar» y es
carente en «ver», que resalta la importancia de hacer las
cosas de forma consciente.

PILAR ROIG FERRERUELA

El poema avanza por la misma línea, en cómo me anima a seguir adelante cuando todo está oscuro, triste.

«Y me planteo mi existencia, que no la tuya, porque eso en mi religión sería pecado» quiere dejar entrever que la considero mi diosa, pues, en cualquier religión, plantearse la existencia de su divinidad es pecado.

La cuarta estrofa revela que me cuesta ver lo que ve ella, es decir, que me cuesta verme de la misma forma en la que me ve ella (buena, fuerte) porque en el momento de escribir el poema me encontraba muy insegura.

Se junta con el quinta, con la repetición de «no es por ti». Hace hincapié en el hecho de que la duda proviene de mi interior, se alimenta de mí, no de sus actos. Pero que me esfuerzo en eliminarla, en confiar y creer en mí por ella. Porque ella cree en mí.

Y de una forma parecida concluye la vértebra. Como ella merece la pena, y eso lo veo de forma evidente, siento que quizá la merezcamos juntas.

Es decir: es gracias a ella que me propongo creer en mí. Su amor y sus cuidados me ayudan a empezar a quererme. No sustituyen los míos, pero los abrigan mientras crecen.

D7 - Volver a ti

Volver a ti
es como aspirar esa calada
que sé que no debería saborear.

Pero te expandes por mi garganta
y el humo despierta
un placer que permanecía dormido.

Cuando te escapas por mi nariz
mi mundo se reduce a cenizas
y me miro las manos.

¿Valdrá la pena volver a intentarlo?
Aunque no sé la respuesta
ya tengo el cigarro en los labios.

Comentario de la autora

«Volver a ti» es una vértebra que me planteaba si debía considerar dorsal o lumbar (es decir, que si hablaba de amor o de tristeza) porque narra una historia de una relación tóxica que vivió una de mis amigas más cercanas. Comienzan aquí, por tanto, los poemas de desamor, los que se acercan más a las vértebras lumbares.

Yo, desde fuera, veía con claridad que no la trataban como merecía y que estaba en una relación abusiva y de poder. A raíz de la impotencia que me provocaba la situación, escribí este poema, con la esperanza de poder transmitírselo.

Todo está construido alrededor de una metáfora con el tabaco. Creo que a veces vivimos enganchadas o terminamos desarrollando una adicción por ciertas personas. Es complicado ser consciente de ello y querer desprenderse. ¿Cómo alejarte de alguien a quien quieres mantener cerca?

El sufrimiento que nace de la relación, en ocasiones, no es evidente en el acto. El tabaco mata, sí, pero no mata en el acto. Lo único que se obtiene instantáneamente es la calma que provoca fumar y, por tanto, es más fácil aferrarse a ella y cegarse ante lo que está por venir. Igual que en este tipo de relaciones.

El fumador es consciente de que no debería fumar. Ahí nace la primera estrofa. «Eres como la calada que sé que no debería saborear».

Sin embargo, cuando lo hace (segunda estrofa), le compensa por la calma que le transmite. Porque le disminuye la ansiedad. Se puede entrever el apego ansioso que suele ir de la mano en este tipo de relaciones.

La tercera estrofa narra el momento en el que finaliza la calada, «te escapas por mi nariz», el momento en el que se aleja de esa persona. Su mundo se reduce a cenizas, como las del cigarro. Se siente perdida, se apaga el fuego que la prendía por dentro (utiliza un poco el tópico latino *ignis amoris,* el amor es fuego).

Finalmente, el poema concluye con ese efecto adic-
tivo: aunque se plantee si merece la pena seguir con ello
(con el tabaco, con la relación), es incapaz de abandonar-
lo. «Ya tengo el cigarro en los labios».

Pilar Roig Ferreruela

D8 - A UN LATIDO DEL ABISMO

Estoy a un latido del abismo.
Hincho el pecho con temor,
porque la herida cura, pero la cicatriz eterniza.

Ya me tienes aquí, eviscerada:
mi voluntad, presa de la tuya.
Las alas desplumadas,
así que dime lo que quieras decirme.
Estamos los dos solos, eternizados en una mota de
polvo,
así que dime lo que quieras decirme.
[Prometo no hacer ruido].

Pero callas.

Trato de acariciarte, tus cavidades me rehúyen.
Sé que te he tratado mal.
Sé que te he dejado en otros cuerpos,
cobijado entre otros pulmones,
trabajando para sangres que te consideraban forastero.
Siempre es escaso mi raciocinio cuando se trata de ti.

Y lo siento.

Prometo quererte más.
Prometo quererme más,
patentar el hueco de mi caja torácica
para que tan solo tus arterias coronarias
puedan gobernar la zona,
y no correr detrás de cualquier otro corazón
para rogarle un intercambio a párpado cerrado.

Estoy a un latido del abismo.
Descalza. Solo a uno.
Pero eres bueno conmigo. Y nunca llega.
El latido que me lleva al abismo
es el que nunca llega.

Comentario de la autora

Como dice Juan Romeu en su comentario a este poe-
ma en la antología *Poesía bonita y que se entiende*, la vérte-
bra «A un latido del abismo» es una conversación con mi
propio corazón (que representa mi cuidado personal, el
amor propio) en la que le pido perdón por no priorizarme.

Habla de cómo a veces nos desvivimos por personas
que todavía no nos han demostrado que van a cuidar de
nosotras, o que no harían lo mismo. Y, por ello, nos des-
cuidamos.

Sin embargo, nuestro corazón, siempre termina perdonándonos, de ahí que «el latido que me lleva al abismo», es decir, a la pérdida propia, «es el que nunca llega».

D9 - Se [me] mueren los poemas

El frío porta
más tristeza de la que recordaba.

Enfundo en el abrigo
mi lánguido cuerpo
y todas las promesas que
un día soleado
me prometí cumplir.

Parece que los girasoles se apagan
cuando no estás aquí.

Es visceral el sentimiento
que alumbra este poema
[aunque trate de abortarlo]:
empuja la coherencia hasta
que precipita al vacío,
y nunca estoy a tiempo de cogerla.

Pilar Roig Ferreruela

Quizá es el miedo,
quizá vuelve a ser el miedo quien
me paraliza y emborrona
todo lo que tenía por decir.

Quizá es quien vacía mis versos y
los convierte en frases,
separándolos en párrafos
que se visten de estrofas.
Intento disimularlo,
pero, si oprimo la emoción,
se [me] mueren los poemas.

COMENTARIO DE LA AUTORA

D9 es la primera vértebra que habla íntegramente de desamor, como se puede entrever por el título.

El frío es un símbolo con el que suelo reflejar la tristeza. En esta ocasión, en la primera estrofa, queda desentrañado, porque creí que así se facilitaría la comprensión del poema, que gira en torno a este.

En la segunda estrofa, trato de protegerme del frío abrigándome («Enfundo en el abrigo mi lánguido cuerpo»), trato de desprenderme de la tristeza con calor (amor). También guardo las promesas que «un día soleado», es decir, un buen día (cuando todavía no hacía frío y no estaba triste) me hice. Es decir, las recojo, dejo de tenerlas a mano para que me sea más fácil olvidarme de ellas.

A continuación, se acaba de aclarar un poco el tema que trata esta vértebra: «Parece que los girasoles se apagan cuando no estás aquí». Cabe añadir que el girasol es una flor con la que me identifico bastante, porque es de color amarillo (color que mi amiga Val siempre dice que me representa) y porque se esfuerza en buscar el sol, y yo me considero una persona muy positiva. Es decir, cuando no está aquí, me apago. Dejo de ser yo.

La cuarta estrofa desvela que, en realidad, estoy tratando de retener el poema, de abortarlo, pero el sentimiento es visceral: necesito sacarlo. Además, «precipita la coherencia al vacío», la mata, me aleja de ella. Y nunca estoy a tiempo de salvarla, de evitarlo.

Se pinta la duda a medida que avanza el poema. ¿Y si es el miedo el que habla por mí? ¿Y si estoy aterrorizada por su ausencia? ¿Y si es el que ha nublado mis palabras, provocando que todas deban girar en torno a este poema, y han alumbrado su nacimiento?

Los últimos tres versos de la vértebra creo que me definen: «si oprimo la emoción, se [me] mueren los poemas». Es decir, si me esfuerzo en retenerla para que no salga, dejo de escribir, porque utilizo la poesía para vaciar mis emociones.

El paréntesis trata de remarcar un poco la idea de que se me mueren a mí, como si no quisiera aceptarlo, como si lo considerara una información prescindible. Como si no me pertenecieran lo suficiente como para que su «muerte» fuera culpa mía. Porque me resulta más sencillo pensarlo así.

Pilar Roig Ferreruela

D10 - Mi océano más conocido

Yo, que le sonrío al Sol bebido
porque confío
en que me alumbra aunque haga frío,
que con un abrazo me [re]compongo
que visto ropa de colores
todos los días del año y pienso
que así reflejo un cuarto de la ilusión que albergo
acepto
confieso
a puño cerrado
a torso doblado
que a veces
se me va de las manos
que la tristeza es mi océano más conocido
y sus aguas me abrazan.

Y el miedo me paraliza
y yo nado
nado pero no hay entreno
que me enseñe a ser tan fuerte

como para nadar contra corriente,
y la boya que siempre flota
flota ahora en la ciudad de playa.

Y qué haré yo sin ti
en este mar
sin la arena de tus ojos
apelmazada en las líneas de mis manos
tratando de desdibujar
el futuro amargo que imagino
cuando no estás aquí [a mi lado].

COMENTARIO DE LA AUTORA

«Mi océano más conocido» es una vértebra que escribí días después de que mi hermano se mudara a otra ciudad.

Comienza hablando de mí, enumerando pinceladas de mi forma de ser. Algunas de ellas son las que mencionaba en «D9», por las que me gusta identificarme con un girasol (sonrío aunque haga frío, es decir, aunque esté triste, visto ropa de colores...).

Enseguida comienza una enumeración con la que se acelera el poema para confesar, con gran esfuerzo («a puño cerrado», «a torso doblado»), que a veces la tristeza me llama de más porque la conozco. Y tiene ese punto de hogar (de «océano conocido»), fruto de que no me resulta del todo extraña.

Sin embargo, el miedo, como explica la siguiente estrofa, me paraliza. Arrastra la metáfora del «océano» para explicar que «nado», que lucho, que me esfuerzo para salir de él, pero no hay forma de volverme tan fuerte como para lograrlo (voy a contracorriente, en contra de la tristeza, tratando de escapar).

«La boya que siempre flota» es un símbolo con el que represento a mi hermano, porque es la persona a la que sé que siempre puedo acudir, a la que veo cuando todo está oscuro y estoy sumergida plenamente en «el mar». *Y porque siempre nadamos juntos para ir a la boya.*

La última estrofa concluye con la pregunta retórica de qué voy a hacer sin él, y sus ojos marrones que siempre se esfuerzan en proponerme futuros más optimistas que los que me planteo yo en mis días tristes.

D11 - No me encuentro

Dicen que corazón que no ve
corazón que no siente,
pero la sangre derramada en este
músculo roto me aplasta,
y la losa de mi pecho no cesa
por más respiraciones profundas que dé.

Reclamo la calma
en esta biblioteca de mentes brillantes
porque alejarme de todos parecía
la única opción que implicaba
encontrarme a mí.

Pero no me encuentro.

Sonrío y desfallezco,
no reconozco al temor
que tiñe mis ojos verdes
absorbiendo todas las lágrimas
que necesito llorar.

PILAR ROIG FERRERUELA

Yo sigo aquí,
intolerante al amor y al olvido y
zarandeada por ambos
con tanta fuerza
que no puedo des-escribirlos.

[Ni siquiera este poema
me está sanando].

COMENTARIO DE LA AUTORA

«No me encuentro» nació en la biblioteca, durante una temporada de exámenes finales en la que tenía roto el corazón. Lo escribí para intentar concentrarme un poco, para ver si lograba desquitarme del peso y podía aclarar la mente. He de confesar que no lo conseguí demasiado.

La vértebra comienza con un parafraseo del refrán español «ojos que no ven, corazón que no siente». Me gusta personificar al corazón para que sea él el que «no vea», pues a veces nos esforzamos en evitar darnos cuenta de lo que está sucediendo para no hacernos daño.

«La sangre derramada en este músculo roto me aplasta» trata de explicar la sensación de opresión en el pecho que sentimos cuando estamos acongojadas, tan angustiadas que ni siquiera se calma con respiraciones profundas.

La segunda estrofa comienza revelando el lugar donde lo escribí. Pensé que cuando lo releyera en un futuro me parecería gracioso recordarlo, como un «no tenías tiempo ni para tener roto el corazón». Empleé el verbo «reclamar» porque me sugirió ser un buen contrapunto con el silencio que debería primar en una biblioteca. También narra el motivo por el que me encerré en mí misma durante aquella temporada: para intentar sobrevivir.

Aunque no funcionó demasiado.

«Sonrío y desfallezco» es un verso con el que confieso que ni siquiera sonreír me está curando. Tampoco estoy logrando llorar debido al miedo.

La quinta estrofa gira en torno a la dicotomía que siento, ya que, a pesar de que el amor me está matando, soy incapaz de olvidarlo. Ni siquiera soy capaz de escribir sobre ello, de sacarlo.

Los últimos dos versos, con un paréntesis, quieren sonar como un suspiro, como una reflexión final que hago más para mí misma que para el poema: «Ni siquiera escribir este poema me está sanando».

D12 - A lágrima sellada

No tengo fuerza ni para escribir.

No tenía fuerza ni para escribir,
y de pronto me llamas
y corto el agua
porque sé que eres tú.

Cruzamos dos palabras y te bastan
para descubrir que
me he caído de nuevo.
[Ha sido tan rápido que ni he salpicado].

Conozco las paredes;
están lamidas de lamentos
y no hay aliteración que embellezca
la cruda realidad de las palabras.

Me hice amiga del silencio
pero hay días que
me pesa demasiado.

Te escucho a lágrima sellada.
Prometo en un susurro.
Por ti. Por mí.
[Lo estoy intentando]

COMENTARIO DE LA AUTORA

D12 es la última vértebra dorsal, titulada «A lágrima sellada». Podría ser una vértebra lumbar, pero debido a la esperanza que alberga, decidí que formara parte de las dorsales.

Es un poema que escribí a dos tiempos, entre los cuales me duché. Estaba demasiado abrumada para ponerme a escribir. De ahí su primer verso, que garabateé en una nota del móvil: «No tengo fuerza ni para escribir».

Mientras estaba en la ducha, como explico en la segunda estrofa, me llamó mi hermano. Se interrumpió la música y supe que era él. Por la hora. Hubo una temporada que siempre me llamaba a la misma.

Le bastó preguntarme cómo estaba para darse cuenta de que no estaba bien. Siempre me ha parecido muy mágica la forma en la que mi círculo es capaz de detectar mi estado de ánimo por la forma en la que hablo. Por mi tono de voz. Por las palabras que uso.

El verso «Ha sido tan rápido que ni he salpicado» hace referencia a que la caída, la tristeza, me había invadido con tanta velocidad que ni siquiera había alertado a mi entorno. Empleé el verbo «salpicar» porque estaba en la ducha, rodeada de agua, y me pareció que encajaba con la situación.

PILAR ROIG FERRERUELA

La cuarta estrofa, se inicia con «Conozco las paredes» porque no es la primera vez que lloro en la ducha, por eso «están lamidas de lamentos», porque son testigos de mis lágrimas. Decidí emplear una aliteración de la [l] porque me recuerda a la lengua, y trataba de evocar la clásica imagen de una lengua lamiendo las gotas, como si las que salpicaban las paredes de mi ducha fueran, en realidad, lamentos.

Continúa con la revelación de que, en ocasiones, ser «amiga del silencio», es decir, guardarme para mí el dolor, me pesa demasiado.

La vértebra cierra con su propio título: «A lágrima sellada». Queda como una promesa entre los dos, igual que si selláramos una carta, de la que tan solo ambos sabemos el contenido. Que apenas se refleja en este poema. De ahí el «Prometo en un susurro, por ti, por mí».

Siento que siempre son especiales los poemas en los que hablo de mi hermano.

Vértebras lumbares

Sostienen la carga, el dolor. Son las
cinco vértebras localizadas en la parte
baja de la espalda, las más fuertes de
toda la columna vertebral.

Obra realizada por Ester Gil Navarro

L1 - Por dentro

Yo,
que tiendo a hacerlo todo sola,
que el miedo me viste
más que la ropa y que
sin el Sol me marchito por dentro,
por dentro
me eviscera tu ausencia
por dentro,
me come el miedo
me ahoga el enredo
por dentro,
aprieto los ojos y cerciórome
de que todo va por dentro.

Comentario de la autora

«Por dentro» es la primera vértebra lumbar, la primera de las verdaderamente tristes, de las que escribo cuando no puedo más. «L1» habla de mí, de mi forma de gestionar las emociones: llevándolas por dentro hasta que descubra qué son.

Pilar Roig Ferreruela

El primero de los trece versos es tan solo «yo», porque de eso habla el poema, de mí. De cómo suelo hacerlo todo sola, de que siempre me protejo con el miedo y que si no veo el Sol «me marchito», me entristezco.

Pero lo hago por dentro. Me gusta el simbolismo que otorga el hecho de «marchitarse por dentro», porque cuando las plantas se marchitan están reflejando que se están muriendo. Es su forma de pedir ayuda. Yo, sin embargo, en ocasiones soy incapaz, y por eso «me marchito por dentro». Sin que nadie lo vea.

Por eso «me eviscera la ausencia», «me come el miedo», «me ahoga el enredo». Pero por dentro; soy incapaz de expresarlo, de comunicarlo. Por eso cierro los ojos, evito la lágrima y me cerciono de que todo va por dentro.

La expresión «cerciórome» tiene una especial connotación. La elección del verbo «cerciorar» orbita sobre la firmeza que desprende ese verbo, que asegura la verdad. El hecho de juntar el pronombre «me» al verbo es para que queden como una única palabra, solitaria, visualmente más unánime, única, más «mía». Al fin y al cabo, todo va por dentro de mí.

L2 - ARRUGADA

Tiembla el suelo y
aprieto los dedos del pie
por instinto
por supervivencia
como si la sujeción fuera a
ser más fuerte si me *arrugara*
como si en la arruga se escondiera la fortaleza
[como] si yo fuera a ser más fuerte arrugada
que acurrucada en mi cama
con las pestañas pegadas
y la vista clavada
en la pantalla
las manos reventadas y
la rima asonante cargada
en la espalda
para sentir el poema lánguido
vertebrarme el alma buscando
el sentido a este eterno andar.

PILAR ROIG FERRERUELA

«Arrugada» es una vértebra que trata de reflejar la inseguridad que se apodera de nosotras al pensar en el futuro. Ante la incertidumbre de no saber qué va a pasar.

«Tiembla el suelo», la seguridad, el lugar de apoyo. Ante el pensamiento se resquebraja y tiembla, y yo, en un acto reflejo, aprieto los dedos del pie, me arrugo, como si quisiera volverme anciana. Con más experiencia. Más sabia.

«[Como] si yo fuera a ser más fuerte arrugada que acurrucada en mi cama» hace el paralelismo entre la vejez (arrugarse) y la niñez (acurrucarse). En realidad, cuando escribo el poema, trato de arrugarme en lugar de acurrucarme porque quiero ser más fuerte.

Intento dejar atrás la niñez (pestañas pegadas, vista clavada en la pantalla, manos reventadas) para ver si la vejez logra quitarme la carga de no encontrarle sentido al «eterno andar», a la vida; eterna porque no estoy bien.

El poema que me «vertebra el alma», que me sostiene, es lánguido, débil, porque siento que no lo hace. Que tiembla el suelo, y me caigo, porque nada me sostiene.

L3 - Trozos de Pilar

[I]
Si me buscas,
dejo que me encuentres:
allí estoy,
en mi último poema
remoloneando entre los versos
y aferrada con uñas y dientes
para no tener que escribir
el siguiente
que es el que revela que:
soy más trozos de Pilar que Pilar y
me pesan los párpados
para acertar la sutura.

[II]
No et trobo però et sento.
Vull buscar-te però allà on t'amagues,
no hi arribo
[potser per això t'hi amagues].
Continúa el fred aquest maig.

Guardo l'abraçada promesa per quan tornis:
[t'estaré esperant].
Saps que sempre ens queden les llàgrimes
per veure amb més claredat.

No te encuentro pero te siento.
Quiero buscarte allí donde te escondes,
pero no llego
[quizá por eso te escondes].
Continúa el frío en este mayo.
Guardo el abrazo prometido para cuando vuelvas:
[te estaré esperando].
Sabes que siempre nos quedan las lágrimas
para ver con más claridad.

Comentario de la autora

Junté estos dos breves poemas bajo el nombre de «Trozos de Pilar» porque, sin duda, son fragmentos de mí (como todas las vértebras). Pero particularmente estos, que fueron escritos en notas del móvil, en algún momento en el que no podía acceder a una libreta u ordenador y que ni siquiera recuerdo, creo que guardan más esencia de mí. Porque no están modificados. Los rescaté semanas después, y los incluí en la antología sin cambiarlos. Por eso, por ejemplo, no tienen estrofas.

El primero explica cómo me estoy negando a escribir un nuevo poema porque es más sencillo aferrarme al que ya tenía escrito, que no era tan oscuro, que aceptar la tristeza en la que estoy sumida y escribir uno nuevo que revele que «soy más trozos de Pilar que Pilar». Es decir, en el que se lea que estoy rota.

Los últimos dos versos, «me pesan los párpados para acertar la sutura», explican que estoy demasiado cansada para «coserme las heridas», una figura empleada para representar la cura de una misma, que ayudaría a disuadir el sentimiento.

El segundo lo escribí en catalán, y pensé que, si lo traducía desde un principio, perdería parte de la esencia que lo hacía «Trozo de mí». Una amiga cercana me dijo que era de sus favoritos, y eso me animó todavía más a no modificarlo.

Cuanto más lo releo, más convencida estoy de que es un fragmento de mí buscando a otro fragmento. Uno más ensombrecido, más desgarrado, que trata de buscar al fragmento que irradia luz. Pero no lo encuentra.

Piensa que quizá está huyendo de él («Quiero buscarte allí donde te escondes, pero no llego [quizá por eso te escondes]»). Le explica que continúa siendo un mayo frío (es decir, triste). Pero que le guarda un abrazo, que va a cobijarlo cuando regrese. Y que, si necesita llorar, que llore, que le ayudará a aclararse.

Me gusta especialmente porque siento que, con él, explico una de las formas que tengo de cuidar de mí misma.

L4 - Quería escribir un poema

Ayer quería escribir un poema que se recitara solo,
que me subiera al escenario sin hablar de mí.

Ayer quería un poema que no desvelara cicatrices
pero que velara por ellas,
que me sanara sin exponerme a la infección.

Ayer quería un poema que me diera la mano,
que me jurara que no me iba a hacer daño,
que me jurara que me parezco a mi madre y a su
                                    [fortaleza
y que no hay forma en que aprenda a dejar de
                                    [parecerme a ella.

Un poema que me sonriera con franqueza,
que me prometiera que algún día
me invitará a tomar una cerveza
y que logrará que el trago amargo sea
un poco amago de dulce al compartirlo.

Ayer quería un poema de los de verdad,
de los que escribía cuando estaba bien,
cuando el Sol no era una necesidad vital
para que mis ojos se tiñeran de verde
y escribía poemas entre las horas muertas
para ver si lograba devolverles el pulso.

Hoy no.

Hoy quiero subir al escenario y desgarrarme.
Quiero mostrar las sombras que me acechan en cada
punto de luz,
y admitir que sí, que a veces me ganan la batalla,
y se me descosen un par de puntos
aunque siempre los apoye como me enseñó mi abuela.

Y de repente me torno toda víscera y oscuridad.
Y no pasa nada.

Soy toda víscera y oscuridad, pero no pasa nada.

Porque el tiempo me lamerá las heridas,
y su saliva es más buena que la mía
en esto que se llama crecer.
Aunque ahora no lo vea.

Ayer quería escribir un poema.
Y hoy siento
que él me ha escrito a mí.

COMENTARIO DE LA AUTORA

«Quería escribir un poema» es una vértebra que explica sobre qué va ella misma. Está formada a dos tiempos.

Tiene una primera parte que está ubicada en «ayer» (que se convierte un poco en anáfora), en el día anterior, que fue cuando estuve pensando sobre qué quería escribir el poema que iba a recitar, y una segunda ubicada en «hoy», que fue propiamente el día que me puse a escribir.

Comienza con un par de versos en los que se entrevé cómo quería alejarme totalmente de la emoción para escribir el poema. Una forma de protegerme, de no querer mirar tan adentro.

La siguiente estrofa revela que, en realidad, quería que el poema me cuidara, pero sin llegar a involucrarme, sin «desvelar cicatrices» ni «exponerme a la infección». Porque implica descubrir cómo estoy en realidad.

Siguen los versos por la misma línea, dotando a la vértebra que quiero escribir con poderes de protección: dar la mano, no hacer daño, que me dijera que me parezco a mi madre, sonreír con franqueza, conseguir que me guste la cerveza...

En la quinta estrofa ya admito que no estoy bien. El verso «cuando el Sol no era una necesidad vital para que mis ojos se tiñeran de verde» tiene dos significados. Por una parte, el más poético; el no querer renunciar a mi color de ojos, a mi esencia, tan propia, por la «ausencia del Sol», de la felicidad, de la calidez. El no querer dejar de ser yo por el hecho de estar triste. Paralelamente, es un guiño a una amiga mía, que coloqué aprovechando que las chicas venían ese día al recital, que siempre dice que ambas tenemos los ojos verdes, solo que ella solo cuando le da el Sol.

El verso «Escribía poemas entre las horas muertas para ver si lograba devolverles el pulso» se comprende mejor sabiendo que la forma más recurrente que tengo de escribir es entre las horas perdidas de la universidad.

La sexta estrofa cataliza el cambio de tiempo.

«Hoy», es decir, el día que escribí el poema, acepté que no podía escribir sin hablar de mí. Y que, si estaba mal, tocaba desgarrarme, mostrar sombras y heridas abiertas, que no cierran bien, aunque «apoye los puntos como me enseñó mi abuela» (es decir, los proteja para que no se deshagan).

«Me torno víscera y oscuridad» son las consecuencias de que me ganen la batalla «los puntos descosidos» (me eviscero) y «las sombras» (me torno oscuridad por falta de luz). Y acepto la situación, pues no pasa nada por estar mal. Que puedo dejar de esforzarme en estar bien de forma constante.

La penúltima estrofa admite que hay una solución: el tiempo. Me «lamerá las heridas», cuidará de mí hasta que esté bien. Y debo ser consciente de ello, aunque en este momento no me dé cuenta.

Finalmente, el poema cierra con tres versos que juntan las dos líneas temporales: el objetivo de «ayer», que era propiamente escribir el poema, y lo que ha acabado siendo «hoy», que él «me ha escrito a mí». Es decir, que ha terminado sacando de mí la emoción que tanto me esforzaba por retener, la oscuridad.

Pilar Roig Ferreruela

L5 - Lleva mi nombre

Me tiembla el cuerpo entero
y la fuerza del poema
la pierdo
a medida que
avanza
el verso.

Siempre hay luz que me guía pero
cuando las sombras emergen de mí
me cuesta más cerrar los párpados
y susurrarme que el primer perdón
lleva mi nombre.

A veces quiero
extinguir la emoción
forzar que la razón me domine
que no hay dolor en la razón
que parece no haber dolor en la razón
pero siempre soy demasiado cobarde
para mirar(me) tan dentro y

extirpar los versos
que me galiman la garganta.

Que sin mis
poemas mis versos
sin mí
me pierdo.

COMENTARIO DE LA AUTORA

Finalmente, L5, la última vértebra lumbar. Recuerdo escribirla a llanto. Quebrada. Perdida. Pero conectada conmigo misma; de ahí uno de los motivos de su título, «Lleva mi nombre».

La primera estrofa comienza muy descriptiva, explicando el temblor de mi cuerpo. Cómo estoy físicamente me parece clave para entender el estado de tristeza y deriva a la que estoy sometida. Enseguida admito que pierdo fuerza, que estoy débil, y voy acortando los versos como si de esa forma pudiera evitar «perder la fuerza» que se evapora a medida que avanzan.

Continúa con un ápice de esperanza, que enseguida se enturbia al reconocer que esta vez la oscuridad emerge de mí, y que es la que más me cuesta disipar, pues me es difícil perdonarme («susurrarme que el primer perdón, lleva mi nombre»).

La tercera estrofa narra un deseo que tengo en ocasiones: obligarme a ser más racional («forzar que la razón me domine»), dejarme mover menos por la emoción, tan solo porque creo que, de esa forma, sufriría menos («parece no haber dolor en la razón»).

Pero «siempre soy demasiado cobarde para mirar(me) tan dentro y extirpar los versos que me galiman la garganta», es decir: me da miedo descubrir qué pasaría al hacerlo, pues dejaría de hacer poesía. ¿Y cómo me expresaría entonces?

El verbo *galimar*, sinónimo de *robar*, trata de reflejar cómo siento que la poesía me arrebata mi propia garganta, la fonación, la comunicación con mi entorno. Soy yo quien me impide hablar, la que se refugia en los poemas.

Empleo una leve aliteración con «galiman la garganta» para figurar un poco esa sensación de goteo que siento que tienen los versos por mi garganta, como si no los produjera yo, como si sencillamente se resbalaran por mis cuerdas vocales y yo me encargara de escribirlos para evitar que se depositen en mi estómago, para evitar el nudo.

La vértebra concluye hilando con la idea anterior: quedarme sin mis versos y sin mi poesía equivaldría a quedarme sin mí, y por tanto a perderme, pues dejo de ser yo.

Sacro

Cinco vértebras soldadas entre sí. Su
nombre proviene del uso sagrado que se
le daba antiguamente en los rituales.

Simboliza la espiritualidad para mí.
Los cinco elementos: mar, tierra, fuego,
viento y el silencio. Se encuentran
relacionados entre sí, tanto que han
llegado a fusionarse.

Obra realizada por Gabriel López Pinar

S1 - Frío

Frío.
Estás frío
mas tu abrazo carcomido en sal
me trae a casa.

La arena pinta sobre mi piel nuevos lunares
que deseo que descubran,
y quizá es el deseo o
sus dedos cubriéndome el Sol
los que ahuyentan las sombras.

Solo sé que tú siempre vuelves,
dispuesto a empaparme,
dispuesto a secarme,
dispuesto a sacarme lo que a veces no logro que empape
para que te confiese lo más oscuro,
lo más sucio
porque, con tu vaivén,
lo vas a baldear.

Pilar Roig Ferreruela

Invitan tus olas a la catarsis y yo,
vulnerable ante la posibilidad de renacer,
siempre escojo sumergirme
por el placer de sumergirme.

Se vacían mis pulmones y todas las dudas que acarrean
se disipan entre tus corrientes,
alejándose de mí.

Creo que soy más fuerte hasta que
usas tu fuerza contra mí y toda fortaleza
que creí haber fortalecido
se derriba.

Y a la deriva,
flotando y vacía
me quedo contigo.

Comentario de la autora

La primera vértebra sacra se titula «Frío» por la temperatura que tiene el mar cuando lo tocas por primera vez. Sin duda, para mí, la extensión azul es la máxima representación del primer elemento del que quería hablar, el agua.

El poema comienza con el propio título, que en seguida refleja que el mar es el protagonista con el verso «abrazo carcomido por la sal». Aunque mi ciudad, Lleida, no tiene mar, siento una gran conexión y una sensación apaciguadora al recurrir a él. Similar a cuando regreso a casa.

La segunda estrofa continúa en la misma línea, comentando que «me ahuyenta las sombras», aunque no sabe si atribuirlo al propio mar (a la arena, mancharme con ella) o a la compañía (sus dedos cubriéndome del Sol, protegiéndome).

Cambia un poco el significado de la vértebra cuando avanza, reflejando el misticismo que envuelve el oleaje con ese «solo sé que tú siempre vuelves». Se inicia una breve anáfora de «dispuesto a» que se zambulle en la contradicción con «mojarme» (porque es el mar) y «secarme» (porque me seca las lágrimas); así como en la paronomasia con «secarme» y «sacarme». El verso continúa con «lo que no logro que empape», es decir, consigue sacarme lo que no consigo llorar. Cierra con «con tu vaivén, lo vas a baldear», pues, si tiene fuerza para erosionar las rocas, también la tendrá para mermar mi oscuridad.

Es en lo que se focalizan la cuarta y la quinta estrofa, en la catarsis que me ofrece, en que estoy siempre dispuesta a realizarla y en cómo lo hago, controlando las respiraciones.

La siguiente estrofa es un pleonasmo que trata de hacer hincapié en la fuerza del mar y en cómo me derriba por muy fuerte que sea. Y en cómo es parte de la catarsis.

Finalmente, el poema cierra con cómo me quedo tendida en el mar, a la deriva, como un barco, vacía después de la batalla de emociones, pero con su compañía.

Pilar Roig Ferreruela

S2 - Las flores al nacer

No sé qué sonido
hacen las flores al nacer.
Quizá Deméter pueda decírmelo.

No sé qué sonido
hacen las flores al nacer
pero conozco el sonido que
hacen las flores muertas al nacer.

Hojas marchitas
apretadas en un ramillete
que colapso contra mi pecho:
a ver si mi latido las resucita.

Mis ojos cerrados y la inquietud
emborrachada entre tres estrofas
que garabateé de madrugada
mientras pensaba en si me las regalarías tú.

Quizá,
si las hubiéramos cogido del campo
entre beso y beso,
no hubieran nacido muertas.

Quizá,
no tendría que ofrecer mi sangre para
resucitarlas quizá a llanto resucitarían si
no hubieran nacido muertas.

Quizá
si el egoísmo humano
no las hubiera matado
no habrían nacido muertas.

Y, aun así,
no pueden dejar de gustarme
las flores muertas.

Comentario de la autora

Esta vértebra es la que más se aleja de mi estilo dentro de toda la extensión de «Vértebras», y, aunque empecé a escribirlo con una idea clara, creo que tiene varias interpretaciones.

Como el segundo elemento que escogí era la tierra, mi propósito inicial era explicar lo triste que me parece que haya flores que se cultivan para la venta, ya que «nacen para morir», para adornar. Y cómo, aun así, no pueden dejar de gustarme.

El poema comienza así: «No sé qué sonido hacen las flores al nacer». Este verso refleja el característico llanto al que asociamos los partos humanos, que no tiene reflejo en el mundo vegetal. A veces me planteo si, con un amplificador, podría oír el sonido de los pétalos desplegándose. De ahí el «quizá Deméter», diosa griega de la agricultura, «pueda decírmelo», pues, si alguien tuviera tiempo suficiente para pararse a escucharlas, sería ella.

La siguiente estrofa ya se focaliza en «las flores muertas al nacer», es decir, las flores que se cultivan para la venta.

Las flores tienen las «hojas marchitas» porque es lo que les sucede al morir. Aun así, las aprieto contra mi pecho, como al recibir un ramo, para ver si logro «resucitarlas» con mi corazón, como si pudiera acompasar nuestros latidos ante el mero contacto. Me gusta emplear la personificación de las flores, como si ellas también tuvieran sangre recorriéndolas.

La cuarta estrofa la escribí a la mañana siguiente, de ahí «la inquietud emborrachada entre tres estrofas que garabateé de madrugada». La inquietud hace referencia al sonido que deben hacer las flores. El último verso oscila alrededor de la gran ironía que persigue esta vértebra: aunque me desagrade la idea de que nazcan para morir, pienso en si él me las regalaría, revelando que, en realidad, deseo que lo hagan.

La vértebra avanza con un «Quizá» con el que trato de reflexionar sobre la muerte de las flores.

Con el primero, me pregunto si, al haberlas cogido del campo, sería distinto. No solo por el cultivo, también por el romanticismo que implica el hecho de ir al lugar y recogerlas para formar un ramo.

Con el segundo, me surge la duda de si podría «resucitarlas a llanto» en lugar de tener que ofrecer mi sangre. La imagen que quería transmitir eran las dos formas que considero que hay de resurrección: por un lado, la primera que nos viene a la cabeza, un ritual ancestral, como si con sangre pudiera llegar a devolverles la vida. Y, por el otro, si no hubieran nacido muertas podría lograr «resucitarlas a llanto», escuchando y consolándolas, porque a veces la tristeza es tan profunda que una siente que ha muerto.

Con el tercero, regresa un poco la idea original de las flores cultivadas, de ahí que el «egoísmo humano» las haya matado.

Finalmente, el poema cierra con la ironía que he ido comentando a lo largo del poema: que, aun así, continúan gustándome las flores muertas, porque ¿a quién no le gusta que le regalen flores?

S3 - Prendes

Prendes.

Lo sé por cómo
te llamea el fuego
en la pupila
del espejo.

No sé cuándo prendes,
pero prendes y presa de tus puntas
permanecen mis pensamientos
pulsátiles.

Todo va muy deprisa.
Las respiraciones avivan
la pira que me habita.

No
puedo
pensar.

Presa me torno
de lamentos lúgubres y
lentitud larga.

Olvido las risas,
los gatos con nombre de pescado
los abrazos del abril helado.

Las dudas me empujan,
me guían, me instan
a que necesito ir más deprisa.

Pero no
puedo
más.

Y no sé si podré invocar
una tormenta mayor
al incendio que me besa la piel.

Por el primer verso, «Prendes», parece que le esté dedicando el poema a otra persona. Sin embargo, la segunda estrofa, al decir «te llamea el fuego en la pupila del espejo», revela que estoy hablando de mí.

La ira es la emoción que más me desconecta de mí; por eso empleé la segunda persona del verbo «prender» y no la primera. Como si fuera ajeno a mí; no fuera yo la que prendiera, sino mi cuerpo.

La vértebra avanza con una aliteración de la [p], que recuerda el sonido del fuego al prender, ya sea con una cerilla sobre el fósforo o con una piedra de sílex. En esta estrofa, también se confiesa que el fuego, concretamente sus puntas, retienen mis pensamientos, impidiéndome ser coherente.

El ritmo al que crece la emoción es frenético, «todo va muy deprisa». Además, las «respiraciones avivan», porque el fuego, que en realidad es la ira, se crece con el oxígeno.

Aparece entonces una estrofa muy corta, «no puedo pensar», con versos de tan solo una palabra: me cuesta tanto concentrarme que soy incapaz de hacerlos más elaborados.

En la sexta estrofa, encontramos de nuevo una aliteración, esta vez de la [l], porque la asocio a la magnitud de las llamas, largas, como lenguas de fuego, atrapante. Lo que era una pira inicial está creciendo y se ha transformado en una hoguera de colosal magnitud.

Cuando continúa el poema, noto que comienza el olvido de lo que me hace feliz: reírme, «los gatos con nombre de pescado» (que es una referencia a Nemo, el gato de mi amiga Sara) y los abrazos en los días fríos. Estoy tan agobiada que todo me parece negativo. Y el fuego sigue empujándome, haciéndome dudar e instándome a ir más rápido.

De nuevo una estrofa corta: «pero no puedo más». Es como si mi mente racional lograra hacerse hueco entre tanto humo y fuera capaz de expresarse de nuevo. Con una súplica de ayuda.

Finalmente, el poema cierra con una duda: no sé si seré capaz de apaciguar el incendio (la ira), que siento que, en ese momento, me domina, me «besa la piel». Es decir, tampoco me resulta desagradable del todo. Pero acapara mis sensaciones, porque no me permite pensar en nada más.

Me gusta emplear la rima en este poema porque creo que ayuda a acelerar la velocidad de este, transmitiendo un poco la sensación frenética que padeces cuando estás enfadada.

PILAR ROIG FERRERUELA

S4 - Alas

Suelo decirte
que tienes las alas
más bonitas del mundo.

Anchas y ranuradas
resistentes a la lluvia
y a los vientos
más pesados.

Sabes que estaría siempre mirándolas
custodiando un hogar
para que no teman surcar los cielos
hasta la extenuación:
podrán volver a mí
[estaré esperándolas con toallas blancas
y gazpacho].

Tienen plumas
de los ocasos de la mano
y del agua

que refleja los rayos de luz.
Hay alguna alba
que favorece la transición:
supongo que cargar con el sol
era demasiado pesado.

Me gusta acurrucarme debajo de ellas
que me acaricies el pelo y
por un momento olvidar
que existe fuego
que quiere prenderlas.

COMENTARIO DE LA AUTORA

El cuarto elemento es el aire, que quise representar con «Alas», porque son la primera imagen que me viene a la cabeza al hablar del cielo. Me gustan mucho por la poética que esconden, cómo son un símbolo de libertad e independencia.

Comienzo con un «Suelo decirte que tienes las alas más bonitas del mundo» porque a la persona a la que le escribí este poema, en uno anterior, le dije eso precisamente, que las tenía.

«Anchas y ranuradas» son las alas elevadoras, que tienen aves como las águilas o las cigüeñas. Están diseñadas para volar a grandes alturas y pueden aprovechar las corrientes de aire. Resisten a la lluvia (que podría representar la tristeza) y a los vientos más pesados (las cargas que intentan desviarnos).

PILAR ROIG FERRERUELA

La tercera estrofa habla de cómo podrá volar todo lo lejos que quiera, experimentar y forzar sus límites, porque estaré esperándole con «toallas blancas», porque me recuerdan a la tierna infancia en la que mi padre me secaba al salir de la ducha, y «gazpacho», porque es la comida más rápida que sé preparar y me sale bien. *He de confesar que también me gustaba la idea de emplear la palabra* gazpacho *en un poema.*

En la siguiente, se describe cómo son sus alas: tienen plumas de ocasos (rosadas), del agua que refleja los rayos de luz (azules) y entre ambas, para transicionar, blancas. Porque cargar con «el sol», que es lo que separa el ocaso del agua, «pesaba demasiado». Es una metáfora de que carga sobre su espalda el cielo y el mar, y un guiño a los colores de la bandera trans.

Finalmente, la última estrofa concluye con la protección que siento que me ofrecen, pues me hacen olvidar «que existe fuego que quiere prenderlas». Recurrí a esta imagen porque me parece muy visual, la del fuego devorando unas alas, y porque creo que refleja bastante bien el odio (como se ve en «S3») que a veces persigue al colectivo LGBTI y en general, a todas las personas que intentan ser libres.

S5 - Romper con todo

Apareces siempre dispuesto
a romper con todo.

Detonas sin previo aviso
las emociones que retenía
en lo más oculto.
No te culpo.
Quizá debería haberlas guardado
más profundo.

Devoras el espacio
que ocupan los sentimientos
agrietados.
Los de mentira, los falsos.
Los que solo hacían ruido,
contigo permanecen callados.

Impulsas el cruce de miradas.
Miras las palabras atragantadas.

Pilar Roig Ferreruela

Dejas que se escuchen
los corazones quebrándose
los secretos
escapando de la sujeción obligada
que rompe sin salvar a nadie
que pretendían salvar(me)
sin romper(me).

COMENTARIO DE LA AUTORA

La última vértebra sacra, «Romper con todo», trata sobre el silencio.

Tradicionalmente, la quinta fuerza de la naturaleza es el éter, pero he escogido representarla con el silencio porque tiene más fuerza y energía de la que somos conscientes.

El título, «Romper con todo», puede parecer un poco una contradicción, pues, en general, se habla de «romper el silencio», y no de que sea el propio silencio el que «rompa». Sin embargo, creo que quedarse en silencio implica a veces escuchar una voz interior que nos revela más de lo que estamos dispuestas a escuchar. De hecho, cuando en una conversación aparece un silencio tenso, suele ser fruto de que se ha comentado algo que ha desestabilizado la armonía, que la ha «roto». De ahí la primera estrofa, de la que surge el nombre de la vértebra, «Apareces siempre dispuesto a romper con todo», pues su aparición suele implicar desestabilización.

«Detonas sin previo aviso», ya que el silencio no se escoge de forma colectiva, aunque implica la colaboración de todas para que nazca. Como comentaba con anterioridad, ayuda a que se liberen las emociones, sobre todo las que se retienen más en la superficie. Siento que las precipita, como si fuera la gota que rompe la tensión superficial que hace desbordar el vaso. Por eso el verso «debería haberlas guardado más profundo».

La tercera estrofa gira un poco en torno a la idea de que el silencio nos ayuda a escucharnos, permite que los sentimientos que «solo hacían ruido» permanezcan callados.

A continuación, hay un par de versos que rompen la dinámica de la vértebra, citando características suyas: cómo favorece que la gente cruce la mirada (pues sostener una mirada junto a un silencio es muy íntimo), cómo te ayuda a tomar conciencia de las palabras que no terminan de salir, que se atragantan. A veces, las ayuda a escapar.

La última estrofa continúa adjetivándolo (aparece en corazones rotos, ayuda a confesar secretos). Ligado a esta confesión, hay un juego de palabras que parece decir que a veces su liberación no «salva a nadie», como si no sirviera de nada explicar un secreto. En el siguiente verso, se revela que su intención era «salvarme sin romperme». Y, si un secreto no rompe, no altera, quizá no era suficiente buen secreto como para salvar. Porque los secretos que se liberan en el silencio son los más fuertes, los que significan algo y, por tanto, deben doler para poder sanar.

PILAR ROIG FERRERUELA

Cóccix

Erotismo. Las vértebras fusionadas que lo conforman se sitúan en la pelvis, una de las zonas más sensuales del cuerpo.

Obra realizada por Gabriel López Pinar

Vértebras coccígeas

[I]

Quiero verte estremecerte.
Mecerte mientras te estremeces.
Besar la curva de tu espalda
y bajar lentamente.
Ver cómo te sonrojas
y te muerdes el labio
antes de que te bese.

Aunque es más fácil cerrar los párpados
y pensar en cómo me gustaría quererte.

[II]

Son las tres de la mañana
Y no dejo de pensar en ti.

Me duele la espalda,
las comisuras plagadas de lágrimas,

los secretos que aún
te quedan por descubrir.

Me duelen las ganas que tengo de vivir,
de que estés aquí,
de que serpentees todas mis pecas
y traces constelaciones que las unan
para que me acerques al universo
usando tan solo tus dedos.

[III]

Tiene los ojos cerrados
y yo me siento perdida al no avistar
el faro que me guiaba
en este océano.

Cada oleada de placer
tumba un poco más mi coraza,
y descubro que los cuentos
donde la princesa se salvaba
por el manejo de una espada
se alejan mucho
de la realidad.

[IV]

Hay giros de muñeca
que no tienen ninguna intención
de derramar sangre
en el suelo del palacio
y que logran que roce el oceáno
sin salir de la cama.

¿Le regalará la princesa
al caballero
una funda para
envainar su espada?

[V]

Quizá
piense en ti en tus
dedos, mis dedos, más en tus dedos
(re)corriendo(me)
más de la cuenta,
más de lo que me doy cuenta
más de lo que te das cuenta.

Quizá
el nudo sea vértigo
algún otolito perdido
el nerviosismo frenético
que frena al abismo.

Quizá
solo se calma
si estoy contigo.

Quizá
pueda perderme si es contigo gemirte
al oído que quiero
repetirlo.

[VI]

Tórnese fuego mi piel
al roce de la tuya, y
en este viaje astral
que conlleva llevarte
al cielo ruego,
bajo tus besos,
que siempre me guíes.

Cierras los ojos y,
aunque se difumina la tierra en
la que mi deseo echaba raíces,
sonrío y te pido
que (te) vengas
hasta que tu súplica
se torne rezo.

[VII]

Vivo en el momento
en que la conciencia te conciencia
de que te deseo
más que al asesinato del miedo
más que al abrigo en invierno
más que al mar en febrero.

Quizá porque piense que me puedes
acercar a ellos.
Porque sienta
de forma recurrente
que te quiero.
Que las palabras distan
de mis dedos recorriéndote el cuello.
Que no me arriesgo
porque siempre me espera tu beso.

PILAR ROIG FERRERUELA

COMENTARIO DE LA AUTORA

Estas siete «Vértebras coccígeas» están juntas bajo el mismo título porque las vértebras del cóccix están fusionadas. Además, me gusta la idea de que estén cobijadas en la misma reflexión porque todas son pequeños fragmentos que he ido escribiendo con la misma emoción: el deseo.

Quería incluir algunos poemas eróticos que se alejaran del coitocentrismo al que estamos más acostumbradas. Por ello, la mayor parte de estas vértebras hablan de alcanzar el placer a través de movimientos de dedos («hay giros de muñeca que no tienen ninguna intención de derramar sangre») o besos («al cielo ruego bajo tus besos que siempre me guíes»).

En general, me siento muy inspirada por el placer compartido. Es por eso que la mayoría de los poemas están dirigidos a la fruición con otras personas («me duelen las ganas que tengo de vivir de que estés aquí de que serpentees todas mis pecas»).

Hay muchas referencias a los ojos, en estas vértebras. Creo que la comunicación durante el sexo es muy importante, y, a través de la mirada, transmitimos incluso cuando estamos demasiado abrumadas para hacerlo de otras formas.

Encontramos la estrofa «Tiene los ojos cerrados y yo me siento perdida al no avistar el faro que me guiaba en este océano», que metaforiza la relación sexual con el océano por la oleada de placer que acompaña al orgasmo, o «Cierras los ojos y aunque se difumina la tierra en la que mi deseo echaba raíces», que habla de cómo la otra persona nos mira puede incrementar nuestro propio deseo.

La ausencia de género en todos ellos busca facilitar que el lector se pueda sentir identificado, independientemente de su género o su orientación sexual. Todos, al fin y al cabo, tenemos vértebras.

Agradecimientos

«Vértebras» es la antología con la que sueño desde que era pequeña. Colecciona poemas que me acompañan desde hace años, poemas más recientes y poemas que escribí para incluirlos entre sus páginas. Todos, de una forma u otra, me conforman.

Que la poesía me dé la mano desde mis inicios es y siempre será gracias a mi madre. Mamá, todavía recuerdo los poemas que me leías de pequeña; en ocasiones «El fantasma Cucufate» de Carmen Gil Martínez me viene a la mente. Gracias por leer cada uno de mis escritos y darme tu opinión con una mano sobre el corazón.

A mi padre, por su cuidado incondicional y a Gonzalo, por ser un eterno compañero en este videojuego llamado vida. Y a toda mi familia.

A todo el equipo de Maresía y en especial a Juan Romeu: gracias por confiar en mis poemas y acompañarme en este camino.

A mis amigas: Clau, Val, Ester y Sara. Gracias por venir a todos mis recitales y pedir que grabara aquellos a los que no podíais venir. ¡No sé qué haría sin vosotras! A

Paula, mi mano derecha. A Marta y a Ana, mis personas favoritas para hacer desayunos, y a Vicen, Marc, Kiril, Dídac, por compartir conmigo tantos momentos.

A Miguel *el niño*, gracias por los cuidados eternos; a Nico y nuestros «Nos vemos pronto» escondidos en interminables audios; a Lucas, que leyó y comentó *Vértebras* cuando ni siquiera tenía nombre, y a todo el grupo de la Posidonia.

A Alice, por ser la amiga de siempre; a Marta, por creer en mí desde el principio; a Tersa, por su cariño, y a Andrea, por sacarme una sonrisa en cuanto la veo. A mis amigos del CIEN2 y en especial a mi presi, Sol: gracias por animarme a recitar «C3» en medio del congreso de neurología cuando todavía no sabías que era «C3».

Y a Gabriel. Gracias por construir un hogar conmigo allá donde vayamos.

Pilar Roig Ferreruela (Lleida, primavera del 2001) lleva escribiendo poesía (o la poesía lleva escribiéndola a ella) desde que era pequeña. Enamorada de Lorca y siempre con una libreta a mano, actualmente estudia Medicina, «el Arte de Sanar» y sigue sin ser capaz de escoger entre la poesía o la prosa. También le gusta acudir a recitales y formar parte de la comunidad poética de su ciudad.

En 2023, Maresía le dio la oportunidad de formar parte del volumen *Poesía bonita y que se entiende* junto a otras autoras noveles, lo que supuso su primera publicación en el mundo editorial.

Todas las erratas de este libro
han sido colocadas estratégicamente.